江南文化研究论丛·第一辑

主　编　田晓明

副主编　路海洋

学术支持

苏州市哲学社会科学界联合会

苏州科技大学城市发展智库

苏州大学东吴智库

苏州科技大学文学院

影像传播视野下的苏州文化形象建构研究

艾志杰 著

江南文化研究论丛·第一辑

主编 田晓明
副主编 路海洋

本丛书获苏州市社科基金项目出版资助

苏州大学出版社
Soochow University Press

图书在版编目(CIP)数据

影像传播视野下的苏州文化形象建构研究 / 艾志杰著. -- 苏州：苏州大学出版社，2022.12
(江南文化研究论丛 / 田晓明主编. 第一辑)
ISBN 978-7-5672-4190-9

Ⅰ.①影… Ⅱ.①艾… Ⅲ.①地方文化-形象-研究-苏州 Ⅳ.①G127.533

中国版本图书馆 CIP 数据核字(2022)第 241182 号

书　　名／影像传播视野下的苏州文化形象建构研究
YINGXIANG CHUANBO SHIYE XIA DE SUZHOU WENHUA XINGXIANG JIANGOU YANJIU
著　　者／艾志杰
责任编辑／杨　柳
装帧设计／吴　钰
出版发行／苏州大学出版社
地　　址／苏州市十梓街1号
邮　　编／215006
电　　话／0512-67481020
印　　刷／苏州市深广印刷有限公司
开　　本／787 mm×1 092 mm　1/16　印张 13　字数 213 千
版　　次／2022 年 12 月第 1 版
印　　次／2022 年 12 月第 1 次印刷
书　　号／ISBN 978-7-5672-4190-9
定　　价／45.00 元

图书若有印装错误,本社负责调换
苏州大学出版社营销部　电话：0512-67481020
苏州大学出版社网址　http://www.sudapress.com
苏州大学出版社邮箱　sdcbs@suda.edu.cn

文化抢救与挖掘：人文学者的历史使命与时代责任
——"江南文化研究论丛"代序

田晓明

世间诸事，多因缘分而起，我与"大学文科"也不例外。正如当年（2007年）我未曾料想到一介"百无一用"的书生还能机缘巧合地担任一所百年名校的副校长，也从未想到过一名"不解风情"的理科生还会阴差阳错地分管"大学文科"，而且这份工作一直伴随着我近二十年时间，几乎占据了我职业生涯之一半和大学校长生涯之全部。我理解，这也许就是人们常说的缘分吧！

承应着这份命运的安排，我很快从既往断断续续、点点滴滴的一种业余爱好式"生活样法"（梁漱溟语：文化是人的生活样法）中理性地走了出来，开始系统、持续地关注起"文化"这一话题或命题了。尽管"文化"与"大学文科"是两个不同的概念，但在我的潜意识之中，"大学文科"与"文化"彼此间的关联似乎应该比其他学科更加直接和密切。于是，素日里我对"文化"的关切似乎也就成了一种偏好、一种习惯，抑或说是一种责任！

回眸既往，我对"文化"的关注大体分为两个方面或两个阶段：一是起初仅仅作为一名普通读书人浸润于日常生活、学习和工作中的碎片式"体悟"；二是2007年之后作为一名大学学术管理者理性、系统且具针对性的理论思考和实践探索。

作为20世纪80年代初期的大学生，我们这一代人虽然被当时的人们羡称为"天之骄子""时代宠儿"，但我们自个儿内心十分清楚，我们就如同一群刚刚从沙漠之中艰难跌打滚爬出来的孩子，对知识和文化的追求近乎如饥似渴！有人说：在没有文学的年代里做着文学的梦，其灵魂是苍白的；在没有书籍的环境中爱上了读书，其精神是饥渴的。我的童年和少年就是在这饥渴而苍白的年代中度过的，平时除了翻了又翻的几本连环画和看了又看的几部老电影，实在没有太多的文化新奇。走进大学校园之后，图书馆这一被誉为"知识海洋"的建筑物便成为我们这代人日常生活和学习的主要场所,而且那段生活和学习的时光也永远定格为美好的记忆!即便是现在,偶尔翻及当初留下的数千张读书卡片,我内心深处仍没有丝毫的艰辛和苦楚,而唯有一种浓浓的自豪与甜蜜的回忆!

如果说大学图书馆(更准确地说是数以万计的藏书)是深深影响着我们这代读书人汲取"知识"和涵养"文化"的物态载体,那么,伴随着改革开放在华夏大地上曾经涌起的一股强劲的"文化热",则是我们这代人成长经历中无法抹去的记忆。20世纪80年代,以李泽厚、庞朴、张岱年等为代表的一大批学者,一方面对中国传统思想文化展开了批评研究,另一方面对西方先进思想文化进行学习借鉴,从而引导了文化研究在改革开放以来再次成为社会热点。如何全面评价20世纪80年代的那股"文化热",这是文化研究学者们的工作。而作为一名大学学术管理者,我特别注意的是这股热潮所引致的一个客观结果,那就是追求精神浪漫已然成为那个时代的一种风尚,而这种精神浪漫蕴含着浓郁的人文主义和价值理性指向。其实,这种对人文主义呼唤或回归的精神追求并不只是当时中国所特有的景致。

放眼世界,由于科学主义、工具理性的滥觞,人文社会科学日渐式微,人文精神也日益淡薄。而这种人文学科日渐式微、人文精神日益淡薄现象最早表现为大学人文学科的边缘化甚至衰落。早在20世纪60年代,国际学术界尤其是大学人文社会科学界就由内而外、自发地涌起了"回归人文、振兴文科"的浪潮。英国学者普勒姆于20世纪60年代出版的《人文学科的危机》,引发了欧美学界尤其是人文社会科学界的广泛关注和热烈讨论;美国学者罗伯特·维斯巴赫针对美国人文学科的发展困境发表感慨:"如今的人文学科,境遇不佳,每况愈下,令人束手无策","我们已经失去其他领域同事们的尊敬以及知识大众的关注";乔·古尔迪曾指出,"最近的半个世纪,整个人文学科一直处于危机之中,虽然危机在每个国家的表现有所不同";康利认为,美国"20世纪60年代社会科学拥有的自信心,到了80年代已变为绝望";利奥塔甚至宣称"死掉的文科";等等。尽管学者们仅仅从大学学科发展之视角来探析人文社会科学的式微与振兴,却也从另一个侧面很好地反映出人类社会所遭遇的人文精神缺失和文化危机的现象。

在这样的大背景下,中国人文社会科学也不例外。作为一名大学学术管理者和人文社会科学研究者，我从未"走出"过大学校门，对大学人文精神愈益淡薄的现状也有极为深切的体会，这也促使我反复思考大学的本质究竟是什么。数年之前，我曾提出了自己对这一问题的认识：在归根结底的意义上，大学的本质就在于"文化"——在于文化的传承、文化的启蒙、文化的自觉、文化的自信、文化的创新。因为脱离了文化传承、文化启蒙、文化创新等大学的本质性功能，人才培养、科学研究和社会服务都会成为无源之水、无本之木，而大学的运行就容易被视作简单传递知识和技能的工具化活动。从这一意义上说，大学文化建设在民族文化乃至人类文化传承、创新中拥有不可替代的重要地位甚至主要地位。换言之，传承、创新人类文化应该是大学的历史使命与责任担当。

对大学本质功能的思索，也是对大学人文精神日益淡薄原因的追问，这一追问的结果还是回到了文化关怀、文化研究上来。由于在地的原因，我对江南文化和江南文化研究有着较长时间的关注。提及江南文化，"江南好，风景旧曾谙。日出江花红胜火，春来江水绿如蓝，能不忆江南"，"江南可采莲，莲叶何田田"，"人人尽说江南好，游人只合江南老"，"忽听春雨忆江南"，"杏花春雨江南"等清辞丽句就会自然而然地涌上我们的心头，而很多人关于江南的文化印象很大程度上也正是被这些清辞丽句所定义。事实上，江南文化是在"江南"这一自然地理空间中层累发展起来的物质文化、精神文化的总称。

从历史上看，经过晋室南渡、安史之乱导致的移民南迁、南宋定都临安等一系列重大历史事件，江南在中国文化中的中心地位日益巩固，到了明清时期，江南文化更是发展到了它的顶峰。近代以来，江南文化也并未随着封建王朝的崩解而衰落，而是仍以其强健的生命力，在中西文化冲突与交融的大背景下，逐渐形成了兼具传统性与现代性的新江南文化。在这个意义上，我们所说的江南文化，既是历史的，也是现代的，既是凝定的，也是鲜活的，而其中长期积累起来的优秀文化传统，已经深深融入江南社会发展的肌体当中。如果再将审视的视野聚焦到江南地区的重要城市苏州，我们便不难发现，在中国古代，苏州是吴文化的重要发祥地之一，也是江南文化发展的一个核心区域，苏州诗词、戏曲、小说、园林、绘画、书法、教育、经学考据等所取得的丰厚成就，已经载入并光耀了中华传统文化史册；在当今，苏州也仍然是最能体现江南文化特质、江南文化精神的名城重镇。

我们今天研究江南文化，不但是要通过知识考古的方式还原其历史面貌，还要经由价值探讨的方法剔理其中蕴涵的文化传统、文化精神及其现代价值与意义，更要将这些思考、研究成果及时、有效地运用于现实社会生活，从而真正达成文化的传承、弘扬与创新。

其实，世界上最遥远的距离并不在天涯海角之间，也不是马里亚纳海沟底到珠穆朗玛峰巅，而在于人们意识层面的"知道"与行为表达的"做到"之间。所幸无论在海外还是在本土，学界有关"回归人文、振兴文科"的研讨一直没有中断，政府的实践探索活动也已开启并赓续。2017年美国希拉姆学院率先提出"新文科"概念，强调通过"跨学科""联系现实"等手段或路径摆脱日渐式微的人文社会科学困境。如果说希拉姆学院所言之"新文科"是一种自下而上的、内生型的学界主张，那么我国新近提出的"新文科"建设则具有鲜明的中国特色。作为一名长期从事文科管理的大学办学者，我也深有一种时不我待的紧迫感和"留点念想"的使命感！十多年以来，无论是在苏州大学还是在苏州科技大学，我都是以一种"出膏自煮"的态度致力于大学文科、文化校园和区域文化建设的：本人牵头创办的苏州大学博物馆，现已成为学校一张靓丽的文化名片；本人策划、制作的苏州大学系列人物雕塑，也成为学校一道耀眼的风景线；本人策划和主编的大型文化抢救项目"东吴名家"系列丛书和专题片也已启动，"东吴名家"（艺术家系列、名医系列、人文学者系列等）相继出版发行，也试图给后人"留点念想"；本人在全国高校中率先创办的"苏州大学东吴智库"（2013年）和"苏州科技大学城市发展智库"（2018年）先后获得江苏省哲学社会科学重点研究基地和江苏高校哲学社会科学重点研究基地，且跻身"中国智库索引"（CTTI），本人也被同行誉为"中国高校智库理论思考和实践探索的先行者"……

素日里，我也时常回眸来时路，不断检视、反思和总结这些既有的工作业绩。我惊喜地发现，除了自身的兴趣和能力，苏州这座洋溢着"古韵今风"的魅力城市无疑是这些业绩或成就的主要支撑。随着文化自信被作为中华民族伟大复兴历史梦想的重要组成部分而提出、强调，在理论和实践层面实施中华优秀传统文化传承发展工程已经成为国家的一项重要发展战略。勤劳而智慧的苏州人对国家发展战略的响应素来非常迅速而务实，改革开放以来，他们不仅以古典园林的艺术精心打造出苏州现代经济板块，而且以"双面绣"的绝活儿巧妙实现了中国文化和世界文化的和谐对接。对于实施中华优秀传统文化传承发展工程的国家发展战略，苏州人也未例外。2021年苏州市发布了《"江南文化"品牌塑造三年行动计划》，目的即在传承并创造性转化江南优秀传统文化，推动苏州文化高质量发展，进一步提升城市文化软实力和核心竞争力。《"江南文化"品牌塑造三年行动计划》拟实施"十大工程"，以构建比较完整的江南文化体系，而"江南文化研究工程"就是其中的第一"工程"。该"工程"旨在坚守中华文化立场，传承江南文化，加快江南历史文化发掘整理研究，阐释江南文化历史渊源、流变脉络、要素特质、当代价值，推动历史文化与现实文化相融相通，为传承弘扬江南文化提供有力的学术支撑。

为助力苏州市落实《"江南文化"品牌塑造三年行动计划》，我与拥有同样情怀和思考的好友路海洋教授经过数次研讨、充分酝酿，决定共同策划和编撰一套有关江南文化研究的系列图书。在苏州市哲学社会科学界联合会大力支持下，我们以"苏州科技大学城市发展智库""苏州大学东吴智库"为阵地，领衔策划了"江南文化研究论丛"（以下简称"论丛"）。首辑"论丛"由9部专著构成，研究对象的时间跨度较大，上起隋唐，下讫当代，当然最能代表苏州文化发展辉煌成就的明清时期以及体现苏州文化新时代创新性传承发展的当代，是本丛书的主要观照时段。丛书研究主题涉及苏州审美文化、科举文化、大运河文化、民俗文化、出版文化、语言文学、工业文化、博物馆文化、苏州文化形象建构等，其涵括了一系列能够代表苏州文化特色和成就的重要论题。

具体而言，李正春所著《苏州科举史》纵向展示了苏州教育文化发达史上很具辨识度的科举文化；刘勇所著《清代苏州出版文化研究》横向呈现了有清一代颇为兴盛的出版文化；朱全福所著《"三言二拍"中的大运河文化论稿》以明代拟话本代表之作"三言二拍"为着力点，论述了其中涵纳的颇具特色的大运河城市文化与舟船文化；杨洋、廖雨声所著《明清苏州审美风尚研究》和李斌所著《江南文化视域下的周瘦鹃生活美学研究》，分别从断代整体与典型个案角度切入，论述了地域特性鲜明的"苏式"审美风尚和生活美学；唐丽珍等所著《苏州方言语汇与民俗文化》，从作为吴方言典型的苏州方言入手，分门别类地揭示方言语汇中包蕴的民俗文化内涵；沈骅所著《苏州工业记忆：续篇》基于口述史研究理念，对改革开放以来的苏州工业历史作了点面结合的探研；艾志杰所著《影像传播视野下的苏州文化形象建构研究》和戴西伦所著《百馆之城：苏州博物馆文化品牌传播研究》，从文化传播维度切入，前者着眼于苏州文化形象建构的丰富路径及其特点的探研，后者则着力于苏州博物馆文化品牌传播内蕴的挖掘。

　　据上所述，本丛书的特点大体可以概括为十六个字：兼涉古今、突出典型、紧扣苏州、辐射江南。亦即选取自古以来具有典型意义的一系列苏州文化论题，各有侧重地展开较为系统的探研：既研究苏州文化的"过去时"，也研究苏州文化的"进行时"；研究的主体固然是苏州文化，但不少研究的辐射面已经扩展到了整个江南文化。丛书这一策划思路的宗旨正在于《"江南文化"品牌塑造三年行动计划》所说的使苏州"最江南"的文化特质更加凸显、人文内涵更加厚重、精神品格更加突出，从而提升苏州在江南文化话语体系中的首位度和辐射力。

　　诚然，策划这套丛书背后的深意仍要归结到我对大学本质性功能的体认，我们希望通过这套可能还不够厚重的丛书，至少引起在苏高校人文社会科学类教师对苏州文化、江南文化、中国传统文化传承与创新的重视，希望他们由此进一步强化对自己传承、创新文化这一历史使命与时代责任的认识，并进而从内心深处唤回曾经被中国社会一定时期疏远的人文精神、人文情怀——即便这套丛书只是一个开始。

目 录

001 **绪论**

003　第一节　影像传播与苏州文化形象建构研究的内容、目的和意义
005　第二节　影像传播与苏州文化形象建构研究的学术史梳理

007 **第一章　故事式传播：电影艺术中的"怀旧苏州"**

009　第一节　电影中"怀旧苏州"的视觉重构
017　第二节　故事式传播与"怀旧苏州"的认同机制
025　第三节　电影艺术建构城市形象的媒介反思

033 **第二章　植入式传播：荧屏世界中的"时尚苏州"**

035　第一节　电视剧中"时尚苏州"的元素融合
044　第二节　植入式传播与"时尚苏州"的叙事策略
052　第三节　电视剧建构城市形象的媒介反思

061 **第三章　符号式传播：纪录影像中的"诗意苏州"**

063　第一节　纪录片中"诗意苏州"的空间建构
069　第二节　符号式传播与"诗意苏州"的视听重组
079　第三节　纪录片建构城市形象的媒介反思

I

第四章　流动式传播：宣传片中的"自在苏州" …… 085

　　第一节　宣传片中"自在苏州"的表达策略 …… 087
　　第二节　流动式传播与"自在苏州"的物质载体 …… 095
　　第三节　宣传片建构城市形象的媒介反思 …… 103

第五章　拼贴式传播：短视频时代的"活力苏州" …… 111

　　第一节　短视频中"活力苏州"的多维显现 …… 113
　　第二节　拼贴式传播与"活力苏州"的个体实践 …… 121
　　第三节　短视频建构城市形象的媒介反思 …… 127

第六章　互动式传播：线上直播中的"网红苏州" …… 135

　　第一节　直播中"网红苏州"的"城设"模式 …… 137
　　第二节　互动式传播与"网红苏州"的形成动因 …… 144
　　第三节　线上平台建构城市形象的媒介反思 …… 148

第七章　共情式传播：方言节目中的"民间苏州" …… 155

　　第一节　方言节目中"民间苏州"的寻根路径 …… 157
　　第二节　共情式传播与"民间苏州"的移情机制 …… 164
　　第三节　方言节目建构城市形象的媒介反思 …… 169

附　录 …… 177

参考文献 …… 185

后　记 …… 191

绪论

第一节　影像传播与苏州文化形象建构研究的内容、目的和意义

本书在影像传播视野下研究苏州文化形象的建构问题。"影像"主要是指包含电影、电视剧、纪录片、宣传片、短视频、线上直播、方言节目等在内的动态影像；在此基础上，"影像传播"主要归纳为故事式传播、植入式传播、符号式传播、流动式传播、拼贴式传播、互动式传播、共情式传播等七种城市文化形象的传播方式，从而建构了多元的苏州形象。"影像传播"是介于影视学和传播学之间的一种"跨媒介"和"跨文体"概念，兼具传统性与创新性、历史性与当下性、民族性与世界性。通过研究，我们不仅可以深入理解影像传播的基本特征、内在规律和发展趋势，而且能够全面把握立体的苏州文化形象乃至江南文化的内涵和实质。

本书写作的主要目的：一方面，在目前城市文化研究日臻火热的学术背景下，有关苏州城市形象的影像建构逐渐丰富，对苏州文化形象传播进行理论研究，可以更好地为今后同类影像创作提供可行性参考，从而实现苏州地方影视产业的持续健康高质量发展。另一方面，在影像传播视野下，分析并总结电影、电视剧、纪录片、宣传片、短视频、线上直播、方言节目等建构出的多元苏州文化形象，以及传播苏州形象的独特方式，把握不同媒介之间的差异性和复杂性，从而弘扬江南文化并推动江南文化的传播。

本书的学术价值主要包括：第一，目前学术界较少有学者关注影像传播与苏州文化形象建构的关系。影像传播为苏州文化形象的建构提供视觉路径和明确方向，以此研究苏州文化形象的具体内涵，这将从一个方面生动展示中国城市形象研究的新面貌和新气象。第二，目前学术界较少有学者用"影像传播"一词作为切入口来研究苏州文化形象建构的问题。虽然

学界对电影、电视剧、纪录片、宣传片、短视频等影像媒介中的苏州形象做了比较深入的研究,但本书更倾向于紧扣苏州文化形象建构的整体性与独特性,并呈现出跨媒介性与跨文体性,以此拓展中国江南文化研究的新思路和新视角。

本书的应用价值主要包括:其一,考察不同影像介质对苏州形象进行建构的传播路径,可以为今后相关影像作品的创作提供学理基础。深入把握影像传播视野下的苏州文化形象建构,对于新时代社会主义文艺工作者创作江南文化精品、塑造影视艺术精魂、展现个人情怀具有重要意义。其二,苏州文化形象的建构不仅受到不同影像的传播方式、传播特征、传播规律的影响,而且还有独特的表达方式、表现形态、价值诉求和价值归属。因此,回归苏州实际、勾勒苏州的整体文化面貌,更能引发受众的审美思考与心理认同,以及对于江南文化的深入认知。

第二节　影像传播与苏州文化形象建构研究的学术史梳理

在国内，学界对"影像传播"的解读和分析颇多，如侯国栋的《基于社交媒体的影像传播嬗变研究》、彭华新的《影像传播中政治图景的解读与建构》、吴丽的《后现代语境下的影像传播》、闫旭的《中国当代影像传播的媒介类型研究》、董超和刘笑盈的《时空维度与影像生态：媒介融合视野下的影像观念》等。这些文章主要阐述了"影像传播"的基本特质：第一，从影像传播的技术来看，无论是传统的电影、电视，还是新兴媒介短视频等，都将不断产生新的技术，而技术的进步必将为影像传播带来更多便利，同时增强影像表现的能力。第二，从影像传播的作用与功能来看，影像传播在人际传播、组织传播和大众传播等方面均具有重要作用，呈现出传播新闻、指导生活、审美教育、社会娱乐等功能。第三，从影像传播的文化价值取向来看，影像传播应坚持正确的文化价值取向，反对不良文化，抵制腐朽文化；艺术影像应追求高尚的审美价值，反对庸俗化、怪异化；纪录片和报道类影像应坚持客观真实的原则，反对商品化、娱乐化倾向；影像广告应坚持商业价值与社会效益的统一，反对唯利是图。这些学术思考为本书的深入研究奠定了基础。

影像传播视野下的苏州文化形象的建构是当代中国江南文化研究的重要观照对象。这主要归因于研究者寻找新的学术增长点的内在动力、苏州地域影像创作日益繁荣兴盛的现实影响，以及自中国改革开放以来全社会对江南文化作品不断增长的旺盛需求。在这样的语境下，目前关于苏州形象的建构研究已出现不少有创见的成果。这一方面体现为学界对"苏州形象"的文学阐释做了比较深入的研究，如何清的《"苏州形象"的文学表达——陆文夫创作的另一种意义》和《嬗变的当代城市形象——关于"苏州"的文学表达》、潘延的《范小青小说中的"苏州"形象》、逯莎的《日本近现代文学中的苏州形象研究》、邵宝的《芥川龙之介中国游记中的苏州形象》、曹川的《涛声依旧——中国现代散文中的苏州城市形象》等。这些研究主要以小说、游记、散文等为对象，探讨了文学塑造苏州形象的历史、规律和问题。另一方面，还有研究者专注于苏州形象的影像表达，努力探讨不同影像介质塑造苏州形象的现状和特质等，如曾一果的《从"怀旧"到"后怀旧"——关于苏州城市形象片的文化研究》、陶莉等人的《苏州城市形象塑造的途径探索——以近十年影视剧中苏州城市形象为例》、杜丹的《镜像苏州：市民参与和话语重构——对 UGC 视频和网友评论的文本分析》、彭若男的《媒介变革视阈下苏州人文纪录片的话语嬗变》、崔思瑶和生晓云的《城市形象微电影对城市文化的建构——以〈苏州情书〉系列微电影为例》、张梦晗的《媒介、空间与城市意象的地域化：当代电视剧中苏州意象的表达》、陈子娟的《苏州城市宣传片跨文化功能解读》等论著。这些成果力求从不同的影像介质探讨苏州文化形象的建构问题。

可以发现，苏州文化形象的影像建构研究在相当长的一段时间里处于相对分离、各自为政的状态。尽管学界单独以电影、电视、宣传片、纪录片、短视频等为切入口研究苏州形象的成果较为丰富，但是多种影像介质交融的综合研究甚少。目前仅有曾一果和王莉的《"怀旧"的城市诗学——关于"苏州形象"的影像建构》、刘亚玉的《浅谈苏州形象在影视作品中的历史变迁》等文章涉及多种影像媒介的融合观照。这些成果为本书的研究提供了一个整体性的视角，我们由此以"影像传播"为切入口，梳理不同影像介质传播苏州文化形象的特质与规律，以"跨媒介"和"跨文体"的研究，拓展城市形象研究的新视角、新思路和新方法。在已有研究的基础上，我们尝试展开影像传播视野下的苏州文化形象建构研究，探讨影像传播对于苏州文化形象建构的具体推进，以及苏州文化形象在不同影像媒介下的多元呈现，以期更为深入地把握影像与苏州文化形象之间的复杂关系，推动新时代苏州城市形象及江南文化的区域性、国际性传播。

第一章　故事式传播：电影艺术中的「怀旧苏州」

第一节　电影中"怀旧苏州"的视觉重构

从 20 世纪 60 年代的《满意不满意》，到 80 年代的《小小得月楼》《美食家》，再到 90 年代的《马路骑士》，以苏州为背景拍摄的电影，细腻地勾勒出了苏州的文化风貌和城市变迁，彰显了浓厚的文化怀旧韵味和脱俗的江南儒雅气质。以文化考察的方式重返"历史现场"，可以一窥乡土情怀与市井风情的文化想象。那么，电影是以何种方式建构苏州形象的？在此基础上又建构了怎样的苏州城市形象？考察这些问题，可以为今后苏州城市形象的塑造尤其是苏州城市的影像形塑，提供积极意义和有益借鉴。

一、浓郁厚重的乡土情怀

乡土文化既是一种同农业社会、农耕文明相伴而生的文化生活，又是一种与中华文明密切相连的情感结构。费孝通在《乡土中国》中曾经提到："直接靠农业来谋生的人是黏着在土地上的。"[1]对于中国的农民来说，土地不仅给予了他们赖以生存的生命资源，而且也为他们提供了建立族群、延续血脉的精神空间。人们由此产生浓厚的乡土情怀。乡土情怀的表达在文学经典、艺术作品中较为多见，作为"第七艺术"的电影也不例外。电影中带有苏州印记的人物形象、象征符号、集体记忆等元素，展示了怀旧、典雅的姑苏图景，表现了浓郁、厚重的乡土文化。

聚焦苏州乡土社会中的苏州人形象，是电影勾勒"怀旧苏州"的叙事手法之一。人物形象既是电影作品展开故事叙事的基本要素，也是表达情感、承载意义的重要媒介。比如，1963 年由长春电影制片厂摄制的《满意不满意》，改编自苏州市滑稽剧团的滑稽戏《店堂里的笑声》。影片中的主

---

[1] 费孝通.乡土中国:生育制度[M].北京:北京大学出版社,1998:7.

人公杨友生是土生土长的苏州人，在"得月楼"饭馆里从事着服务员的工作，因其本人有些好高骛远、自命不凡，经常得罪顾客，甚至辱骂女顾客长了一张"葱油饼脸"。后来，饭馆沈师傅尝试开导杨友生，谈起中华人民共和国成立前饭馆服务员不被待见、受到欺辱的苦难历史，而社会主义社会的服务员则被尊重、享有各种自由，待遇已经有天壤之别。影片由此塑造了一个从不安现状转变为重拾初心的服务员形象，也折射出苏州这片土地上发生的历史阵痛与社会转型。沈师傅的教导是促成故事转折的"触媒"，杨友生的转变则是乡土文化与苏州精神的"延续"，两个与苏州这块土地密切相连的人物形象组成了一个"小型社会"，既唤起观众对故土的记忆和对父辈、祖辈的追思，也勾勒出中华人民共和国成立初期尝试改变、突破的社会状态。此外，《小城之春》中的戴礼言、《小小得月楼》里的老杨、《美食家》里的高小庭等，这些巧妙塑造的人物形象，有的带我们回到受战乱侵扰的苏州，有的带我们回到改革开放后如沐春风的苏州，有的带我们回到盛行传统苏帮菜的苏州，这些影片在不同程度上建构了苏州的乡土形象。乡土情怀通过这些人物形象得以延续和留存，身处现代都市的新青年们从影像中审视故乡的丰富内涵，实现乡土记忆的寻唤与重构。

  对象征符号的创造性处理，也是电影再现"怀旧苏州"、彰显乡土情怀的重要策略。从索绪尔的语言符号学，到皮尔斯提出的逻辑—修辞学模式，再到卡西尔的"文化符号论"，符号学先驱们始终以"符号"的意义生产和交流规律为研究对象，探索"符号"的结构主义功能。正如有学者指出，"符号是携带意义的感知"[1]。在社会约定俗成的规则之上，符号能够传递特殊的意义。在电影艺术中，符号是重构"怀旧苏州"、唤醒乡土情怀的视觉载体。例如，1990年由葛晓英执导的影片《马路骑士》，采用了类似"意大利新现实主义电影"的拍摄手法，承袭了"把摄影机扛到街上去"的理念，讲究"实景拍摄"，跟随葛优饰演的电影院跑片员的视角，观前街、盘门还有桃坞电影院等苏州地景符号跃然于银幕。尤其是影片对盘门大全景的镜头设计，前景是盘门熙熙攘攘、人头攒动的热闹非凡，苏州市民推着自行车你来我往；景深处是静默不语、肖然不动的盘门鼓楼建筑，一"前"一"后"的黄金分割构图、一"动"一"静"的对比设计，尽

---

[1] 赵毅衡.符号学原理与推演[M].南京:南京大学出版社,2011:20.

显苏州特色。除了地域景观符号之外,声音符号也可以唤起观众的乡土情怀。根据苏州滑稽剧团的经典滑稽戏改编的电影《小小得月楼》,讲述了得月楼老板老杨之子毛头尝试在苏州某景区开一家"小小得月楼"饭店,结果在经营饭店过程中闹出了一系列啼笑皆非的故事。为了追求苏州文化的真实性,影片以原汁原味的苏州方言设计对白,比如,"小孩"的方言"小麦胡"、"慢点"的方言"慢慢较"、"游玩"的方言"白相"等都在影片中一一呈现,同时,创作者还借由语言本身,制造双关性质的笑料,如"六角头""白娘娘"等语汇。通过声音符号机制的直观作用,观众自然而然地想到苏州。

  不管是人物形象还是象征符号,电影对城市形象的塑造离不开集体记忆的建构。个体的记忆都与其生活的社会空间密切相关,共同社群之间往往具备相似的意志而形成"价值共同体",从而被整合进相应的意识形态框架之中。法国社会科学家莫里斯·哈布瓦赫(Maurice Halbwachs)认为,社会群体存在一种共同的集体记忆,他将这种"记忆置放于社会总体框架中进行分析,并指出集体记忆不是一个既定的概念,而是一个社会建构的概念。在一个社会中有多少群体和机构就对应有多少集体记忆"[1]。电影中"怀旧苏州"所彰显的乡土情怀,其情感逻辑正是"集体记忆"。《特高课在行动》中,既有苏州地下工作者与日本侵略者斗智斗勇的惊险,又有像插曲《和风吹过苏州》一样的苏州柔情,让观众瞬间联想到那个谍战四起、暗流涌动的特殊年代。《游园惊梦》中,歌妓翠花与家族表亲荣兰之间缠绵悱恻的爱情故事、苏州园林独特的空间设计、黄色色调氤氲的滤镜镜头及造型考究的服化道(服装设计、化妆、道具与布景)等,尽显乡土苏州的古朴与典雅。因此,作为基本的符码组合,人物形象和象征符号所建构的"象征性场域",强化了情感式空间的表达。集体记忆是唤醒人们乡土情怀的心理机制,电影中对乡土社会的一再回望,实际上是让观众重返"历史现场",完成对彼在自我和城市文化的双重认同,更好地实现"怀旧苏州"的影像建构。

---

[1] 莫里斯·哈布瓦赫.论集体记忆[M].毕然,郭金华,译.上海:上海人民出版社,2002:39-40.

二、精致儒雅的文化想象

近年来，对城市的文化想象研究成为学界的热点议题之一。无论是后现代消费浪潮兴起的上海，还是"从胡同看世界"的北京，抑或是有着断裂感的东北老工业基地，电影对城市的文化想象日益拓展和丰富。美国城市规划理论家凯文·林奇（Kevin Lynch）在其《城市意象》中明确指出："城市不但是成千上万不同阶层、不同性格的人们在共同感知（或是享受）的事物，而且也是众多建造者由于各种原因不断建设改造的产物。"[1]因此，我们在感官上对每座城市都会有一个基本的"印象"。而苏州给人的"印象"，莫过于"精致儒雅"了。

电影中的苏州常常表现出一种"精致"的文化传统。被誉为"天堂"的苏州，自古以来就富有精致且细腻的城市气质。从九曲回廊、三步一景的苏州园林到鬼斧神工、描龙绣凤的苏绣，从细腻婉转、绕梁三日的昆曲到香甜软糯、沁人心脾的苏州美食，无不显示出苏州文化的精致与考究。这种"精致"，在讲述苏州的电影中随处可见。一方面，当以精致的苏州园林作为叙事背景时，可以赋予故事悠远的境界。以20世纪30年代的苏州为背景拍摄的电影《游园惊梦》，讲述了荣府亲戚荣兰与得月楼歌妓翠花情投意合的故事。影片取景于苏州古典园林，荣府奢华而又颓废的画面基调、满地枯叶形成的大面积暗红色色调、戏子华丽而又破旧的戏服，再配上哀婉低吟的昆曲唱调，一种透着淡淡悲情的慢生活基调油然而生。正如影片伊始"一切都已成了过去"的画外音响起时，荣兰年迈低沉的声线配合游走在青瓦白墙上的倒影，一种追思过去的情绪呼之欲出，也为精致的苏州文化蒙上了一层如梦如幻的面纱。另一方面，当以精致的苏州美食作为叙事对象时，能够体现苏州人的文化品格。根据陆文夫同名小说改编的电影《美食家》，讲述了松鹤楼饭庄经理高小庭为了恢复苏州传统名菜，发动百姓建言献策、推荐能人的故事。影片"饭店点菜"的段落中，提及了马咏斋的野味、采芝斋的虾子鲞鱼、陆稿荐的酱汁肉、玄妙观的油氽臭豆腐干等苏州特色菜，光从菜名上就可窥见苏州人对美食的别样追求。可以

---

[1] 凯文·林奇.城市意象[M].方益萍,何晓军,译.北京:华夏出版社,2001:1.

说,借助"文化怀旧"的方式,电影能更好地展示苏州人的精致。这种精致并不是一蹴而就的,也并非刻意追求,而是在千百年的历史跃迁中凝聚成的文化传统,是一种内化而成且不断变迁的独特生存方式。

在苏州文化形象的建构中,电影也进一步呈现了苏州的"儒雅"韵味。一方面,苏州的这种"儒雅"表现为苏州文化中的包容性。历史上的苏州是一个经济文化交流的汇聚地,商贾往来,宾客云集,形成了苏州人豁达大度、厚德载物的胸襟。"苏州人的'雅',是一种儒雅。在其富于教养的风度中,透出来的是一股儒者之气。苏州人较为宽容,善于与人相处,有容人之雅量。"[1]比如,《小小得月楼》中老杨和小队长的叙事线索,就充分体现了这种"儒者之气"。影片中的小队长带着六七十个农民游玩苏州园林,到了饭点却发现园林里没有饭店,他们向老杨询问后,老杨很热情地把他们领到自己的饭店用餐,还接纳了小队长"可以在园林里开分店"的建议。尽管影片以喜剧方式呈现,但是在这个片段中我们可以看到老杨及其家人对小队长等人的热情好客,显示出其善于与人相处的性格特征及对八方来客的包容性。这种包容性进一步表现在老杨和儿子毛头的叙事线索中。对于小队长的建议,毛头想要负责得月楼分店的经营工作,虽然老杨觉得几个年轻人难挑大事,但是他充分考虑后还是决定给年轻人机会,这是一种长辈对晚辈的包容。另一方面,苏州的"儒雅"也包含着一种行为和性情上的"优雅"。我们很难在苏州人身上看到匆匆忙忙、惊慌失措的失态之举,更多的是从容不迫、不急不慢的恬淡状态。尤其是苏州人讲话,整体上语调轻柔、语速平缓、音质软糯,这在《满意不满意》《小小得月楼》两部影片中体现得尤为明显。这两部影片以苏州方言为台词对白,对话上的平缓柔软带来了影片整体叙事基调的平和从容。即便是《满意不满意》中杨友生出口辱骂女顾客长了一张"葱油饼脸"及他对其他顾客的冷言冷语,在吴侬软语的加持下,都不会显得凶神恶煞、剑拔弩张。因此,苏州的"儒雅"融合于柴米油盐的生活美学之中,浸染于举手投足的日常行为之中,既是一种包罗万象的温文尔雅,也是一种从容淡然的优美高雅。

事实上,这种精致儒雅的文化想象并非文学艺术的虚构书写,而是深

---

[1] 陈长荣.苏州人:人文风貌与文化底蕴[J].苏州大学学报(哲学社会科学版),1999(1):87-98.

深地根植于2 500多年的建城历史中的。对于这座古老的城市来说，它孕育了一代又一代勤劳勇敢的生命个体，而这些生命个体也反哺这座城市，为它提供源源不断的智慧与力量。《包氏父子》中忠厚善良的老包、《特高课在行动》中有勇有谋的丁彦、《美食家》中探索苏州传统饮食技艺的高小庭等平凡的小人物，他们的足迹既串联起了苏州历史演进的轨迹，也深深地烙印在苏州的文化名册上。生命个体与城市文化的互动与交融，造就了这座精致儒雅的古老城市。换言之，这是由人的文化实践的不断累积，慢慢凝结成的"城市共同体"，个体与这个共同体一起前进、延续。

三、别有特色的市井风情

市井文化是普通民众在日常生活中的行为习惯、风俗观念等与自身所处环境相结合产生的文化，是一种具有鲜明的地域化特征的文化。有学者指出，"从陆文夫开始的当代'苏州书写'自觉继承了'三言''二拍'等中国传统小说的市井叙事传统，描摹世俗风情，刻画市井人物，形成了具有浓郁市井趣味的创作倾向"[1]。电影对于苏州形象的建构也不例外，尤其是在"怀旧苏州"的影像书写中，"生活流"的叙事策略和"烟火气"的声景建构成为两种重要的电影创作手法，以此展示苏州的市井风貌和苏州人别有特色的生存哲学。

其一，"生活流"的叙事策略。《满意不满意》《小小得月楼》《三十层楼上》等影片在选材上贴近生活，着重表现苏州市民日常生活中的琐碎故事，将柴、米、油、盐、酱、醋、茶的生活美学融于影像叙事之中。《满意不满意》中杨友生与女顾客的"冤家聚头"、杨母对杨友生的见招拆招的"相亲策略"、杨友生流落茶厂仍然面临做"炊事工作"等场景，都与杨友生的个人遭际紧密关联，勾勒出一个不安心本职工作的年轻人的心路历程，极具市井气息，能将观众带入特定的时代语境，获得观众的审美认同。此外，像《小小得月楼》中毛头与一伙年轻人历经波折把失传的苏州名菜"甫里鸭"烧了出来，《三十层楼上》中的黄子郎先生受新加坡华侨总会和建筑公司的委托为在30层楼上修建小型苏州园林而专程回故里选聘能

---

[1] 曾一果.市井风情里的"世俗人生"：中国当代文学中的"苏州书写"[J].文学评论,2015(2)：136-146.

工巧匠，这些影片从小人物的日常生活入手来讲述故事，既能深入苏州文化、扎根生活，又能制造冲突、引发共鸣。除了聚焦小人物、小切口叙事外，"生活流"的另一个层面是展示日常生活的随意性与真实感。对"怀旧苏州"的影像建构并不需要过多的视觉修饰和矫揉造作，也不要拘泥于画面的十全十美，《满意不满意》《小小得月楼》《三十层楼上》几部影片的独特之处，就在于其未经修饰的叙述和镜头，直截了当地展示了苏州市民开拓进取的生活方式和争取美好生活的精神面貌。杨友生最终卸下了思想包袱，不再好高骛远，那个被他说长了一张"葱油饼脸"的姑娘也对他满意了；毛头作为20世纪80年代风华正茂的年轻人的代表，最终把"小小得月楼"经营得风生水起，获得了游客的赞扬，赢得了父亲的认可；黄子郎签下了"合同书"，金晶晶也以真才实学赢得了严芳芳的爱情。市井生活的千姿百态和苏州人渴望美好生活的态度，在"生活流"的影像叙事中展现得淋漓尽致。

其二，"烟火气"的声景建构。作为综合艺术的电影，其最大的特征就是能够最大限度地发挥声景的表意空间，以视觉、听觉的融合与延展，营造感知现实。电影对于"怀旧苏州"的形象建构，很大程度上也是依靠视听艺术来完成的，二者结合恰到好处地展示了具有"烟火气"的苏式生活。一方面，曲牌插曲、昆曲、方言等声音的使用，拓展了"怀旧苏州"的听觉想象。电影《小小得月楼》开篇便是一首滑稽戏独有的曲牌插曲《五月鲜花处处开》："园林名胜都游遍，还要到倪得月楼来尝尝倪格苏帮菜……有人要吃得月鸡勒芙蓉蛋，有人要尝尝天下第一菜，有人要活杀黄鳝炒鳝背，更有那松鼠鳜鱼青鱼头尾炒鱼块……"滑稽戏曲牌的使用不仅强化了特定年代苏州的文化形态，更以唱词的方式直接向观众呈现了充满苏州市井风味的菜肴名称。电影《游园惊梦》的经典之处莫过于昆曲的巧妙使用，昆曲凌驾于现实之上，构建了如梦如幻的空间，拉开了观众与现实的距离；同时又加入现实的人声、环境音响、动作音响等，将观众从梦境中抽离出来。戏里戏外的纠缠困扰，将翠花这个辗转于市井之中的戏子勾勒得鲜活生动。另一方面，弄堂街巷、曲院回廊等画面的处理，强化了"怀旧苏州"的视觉想象。影片《满意不满意》完整勾勒了江南水乡的市井风貌，白墙黑瓦的房屋临水而建，有人闲聊的弄堂狭长幽静，看似随意的河街市镇井然有序，主人公杨友生所在酒楼的周边空间有不那么平整的石板路、泛着微微涟漪的湖水、静静划过的小船，充满生活气息的市井风味在积累蒙太奇的画面组接中应运而生。《小小得月楼》则以东园为叙事空间，展示了"怀旧苏州"市井风情的另一维度，影片中的"涵碧楼"是出镜最多的空间。与大多数园林建筑一样，涵碧楼也以湖景闻名，因此，电影中的画面多聚焦于湖光山色，强调水的柔软、温润与山水间个体的行为、选择，从而在市井的人生百态中向观众展示最原生态的苏州气质。

电影《马路骑士》中的插曲这样唱道："红灯的时候歇一歇，绿灯的时候莫彷徨……转弯的地方是太阳。"这就是苏州人的处世态度，也是隐藏于市井风情之下的人生哲理。这些影片虽然将镜头对准苏州城中的市井小人物，展示了别具特色的苏州市井风貌，但其更深层次的目的是通过影像完成对苏州市民生活"平凡中见真诚"的深情礼赞。"影像中'人文风雅''风物清雅'的姑苏古城不断唤起观众关于苏州城市的地理想象，进而产生审美感知上的认同感，最终凝聚成观众关于江南文化最苏州的记忆。"[1]在这个记忆空间中，既有充满隐喻的美食故事，也有缠绵悱恻的爱情故事，还有惊心动魄的谍战故事等，通过这些故事的设定，我们可以体悟社会中不同人群的境遇，感受苏州最原生态的城市风貌，从而获得价值认同和情感共鸣。

总之，20世纪下半叶出现了《满意不满意》《小小得月楼》《美食家》等多部与苏州形象有关的电影，这些影片不仅是姑苏城的文化注脚，而且也是社会主义国家发展变迁的影像考古。电影中的人物形象、象征符号、集体记忆等元素，暗含怀旧、典雅的姑苏图景和浓郁的乡土文化。同时，"生活流"的叙事策略和"烟火气"的声景建构，展示了苏州的市井风貌和苏州人别有特色的生存哲学。这种精致儒雅的文化想象并非电影艺术的虚构书写，而是深深根植于苏州的建城历史之中，全面建构了"乡土苏州""文化苏州""市井苏州"的多元城市形象。

---

[1] 周晨.苏州滑稽戏电影中的别样江南[J].东吴学术,2021(6):32-38.

第二节　故事式传播与"怀旧苏州"的认同机制

自20世纪60年代以来,《满意不满意》《小小得月楼》《特高课在行动》《游园惊梦》等影片聚焦于江南苏州的故事化叙述,以美食故事、爱情故事、谍战故事等方式建构了精致典雅、浪漫悠远抑或暗流涌动的姑苏形象,深刻地演绎了苏州城的历史变迁与多元形象。加拿大学者安德烈·戈德罗(Andre Gaudreault)认为:"任何叙事既是一个话语(来自一个讲述的机制),又是一个故事(来自被讲述的世界)。"[1]"故事"是我们从影像叙事中看到的内容,"话语"则是潜藏在故事背后的部分。因此,在这些有关苏州的电影文本中,影像建构了哪些苏州故事? 故事背后承载了怎样的城市文化内涵? 对这两个问题的阐释和探讨,既可以帮助我们更好地理解电影讲述苏州故事的方式及其所暗含的深刻内涵,也能够为今后苏州形象的影像书写提供可能性的路径。

一、美食故事与现实世界的隐喻

马塞尔·马尔丹(Marcel Martin)曾经对"隐喻"一词做过明确的概念界定,"所谓隐喻,那就是通过蒙太奇手法,将两幅画面并列,而这种并列又必然会在观众思想上产生一种心理冲击,其目的是便于看懂并接受导演有意通过影片表达的思想"[2]。《满意不满意》《小小得月楼》《美食家》等几部有关苏州的影片无一例外地以"美食"讲述故事。美食既是苏州的文化象征物,也是特定语境下苏州形象的侧写。因此,当美食与人、景、物的画面组接和搭配时,美食不仅丰富了影像的画面信息,而且也具备了

---

[1] 安德烈·戈德罗.从文学到影片:叙事体系[M].刘云舟,译.北京:商务印书馆,2010:94.
[2] 马塞尔·马尔丹.电影语言[M].何振淦,译.北京:中国电影出版社,1980:70.

戏剧性的隐喻作用。

对苏州美食的展示自然是此类影片的重中之重，也是建构苏州形象的基本要素。《小小得月楼》详细地介绍了得月鸡、芙蓉蛋、炒鳝背、雪花蟹斗、蜜汁鱼排、翡翠肉糜等正宗的苏帮菜，影片通过特写、对白等影像语言形象地勾勒出了苏州美食的色、香、味。受当时的技术条件所限，产生了不同程度的画质问题，没法像现在的4K摄像机一样把美食的色泽完全呈现出来，但只要是了解得月楼、了解苏州的观众必然都能被影像勾起味蕾的欲望。比美食种类更讲究的是美食的吃法，"怎么吃"一直代表着苏州人极其考究的生活品质。"吃"，谁都会吃，但是"吃透""吃懂"则需要深刻体会美食的独特内涵。比如，《美食家》中就出现了这样的吃面叫法："清炒虾仁一碗，要宽汤，重青，重浇要过桥，硬点！"还有《满意不满意》中关于美食的习俗——堂倌唱菜单，这种习俗也是苏州文化的映射，在现代社会中是不多见的。旧时民间的服务员被称为"堂倌"，点菜时不能用笔记录，只能在心里默记，这是堂倌营生的基本技能。《满意不满意》的饭馆中就保留了这样的百年老店习俗，用苏州话唱菜单，别有一番文化韵味。

与此同时，为了追求故事的真实感，"实景拍摄"成为创作者的首选。《满意不满意》《小小得月楼》都是以"得月楼"为主体场景进行创作的。尤其是《小小得月楼》中出现的老得月楼场景，基本都是在苏州著名菜馆——得月楼中拍摄完成的，甚至还起用了非职业演员，由于剧组极缺群众演员，得月楼里的经理、厨师、服务员等全都自告奋勇地扮演食客，这也就出现了巴赞所称的"混合"技巧，也即非职业演员与明星演员的混合演出。[1]有意思的是，在拍摄期间还发生了各种有趣的小插曲，比如，在电影开拍后，习惯了服务顾客的得月楼工作人员都不敢动筷吃饭。在《满意不满意》的实景镜头中，我们还能够看到精致的园林、傍水的民宅、采茶的姑娘、坐船出行的客人、撑着油纸伞沿着回廊走着的女子等，为观众建构了一个古色古香的饭馆。《美食家》同样如此，观前街、太监弄、松鹤楼、沧浪亭、盘门、瑞光塔等苏州风物一一呈现，蔚为壮观。

说到底，此三部电影对苏州美食故事和饮食文化的呈现，只是吸引观众的外在因素，故事背后所承载的文化内涵和价值观念才是让观众产生强

[1] 克莉丝汀·汤普森,大卫·波德维尔.世界电影史[M].陈旭光,何一薇,译.北京:北京大学出版社,2004.

烈认同的内在机制，这也形成了对现实世界的某些深刻隐喻。《小小得月楼》即借美食产生的冲突批判"走后门""权谋利益"等不正之风。影片中的白娘娘（"娘娘"在苏州方言里意为"姑妈"）经常仗着其与商业局白科长的亲戚关系，到得月楼吃2元钱的"工作餐"，甚至扬言："开后门，天下通，煞得住哒？"后因无法占便宜而怂恿白科长滥用职权查封了得月楼。矛盾冲突的解决也颇具讽刺意味，毛头女朋友的父亲是商业局局长，见到官大一级的局长，白科长和白娘娘便不再生事。用"拼关系"打败"拼关系"，影片用幽默诙谐的喜剧方式暗讽人心不古的不良风气，弘扬社会新风气。《满意不满意》同样以杨友生做服务员的故事，阐明了这样一个道理：在焕然一新的社会主义社会中，人们的职业没有高低贵贱之分，有的只是功能和性质上的划分。沈师傅是市民代表，服务员老王是商业局下放的科长，服务员小顾是市商业局局长的女儿。虽然身份不同，但他们都是新社会的接班人。即便是像杨友生那样不起眼的服务员，只要安守本分、追求上进、服务他人，也会得到社会的认可和尊重。《美食家》则借用"吃"的题材影射了特定时代下的"人"的面貌及其所处时代的整体风貌。影片中的朱自治以"美食家"自居，是一个不折不扣的能吃、会吃、懂吃的"资产阶级"的形象，他就像巴尔扎克笔下的人物一样附庸风雅，他的"好吃"的性格也给他带来了一系列的人生波折。同时，整部影片以一本正经的高小庭切入叙述，塑造了一个看似积极进取、大公无私，实际上道貌岸然、脱离群众的饭店经理形象。由此，在两个人物关于"美食"的互动、对比中，影片摆脱了一成不变的沉重叙事与悲痛控诉，而是巧妙地对动乱之后的人生百态和社会症候进行了全景扫描，确实难能可贵。

二、爱情故事与浪漫苏州的演绎

作为一座拥有2500多年历史的古城，苏州城发生过许多缠绵悱恻的爱情故事，或传奇、或哀婉、或热烈、或平淡，成就了浪漫的城市底色。牛郎和织女的鹊桥传说起源于苏州太仓科教新城一带，沈复和陈芸矢志不渝的爱情故事发生在沧浪亭，沈秉成和江南才女严永华在耦园中情投意合。正是这些历史上发生的爱情故事，让苏州变得更加浪漫、迷人。一直以来，诗人和极富想象力的作家都将爱情作为创作恒久不衰的话题。[1]关于苏州的电影也离不开对爱情的描摹，《游园惊梦》《泪洒姑苏》《醉吴歌》等影片，聚焦发生在苏州的爱情故事，演绎浪漫的苏州形象。

在故事的叙事方式上，爱情故事与古代戏曲的相融相生，是营造美学意境的重要方式。中国香港导演杨凡拍摄的《游园惊梦》巧妙地借用昆曲元素展示了一段暧昧的感情，可以说是一部典型的昆曲电影，极具苏州风情。影片的整体架构都与汤显祖的《牡丹亭·惊梦》形成强烈的互文关系，以一个现代的故事展示了昆曲的古典美学韵味。在角色定位上，翠花和荣兰就相当于杜丽娘和柳梦梅，两人之间的关系转变和心理变化都与昆曲紧密相关。荣兰对翠花的一见钟情就始于翠花在戏台上唱的那首《牡丹亭》，身着男装的荣兰不由自主地和翠花对唱。而她们之间暧昧的情感关系变化也是基于《游园惊梦》展开的，翠花是一位昆曲名角，荣兰则是一位昆曲戏迷，一个爱"唱"，一个爱"听"，两人对昆曲的热爱促使她们彼此惺惺相惜、一眼万年，产生亦真亦幻的爱情故事。可见，翠花和荣兰的故事本就是一次对《游园惊梦》的真实演绎。与此同时，昆曲片段的精彩呈现也为这个江南爱情故事增添了迷幻色彩。影片开场，在荣老爷的寿宴上，妆容精致的翠花唱着昆曲《皂罗袍》，整个荣府觥筹交错、灯红酒绿，一片奢华，不仅很好地展示了整个故事发生的时代背景，而且也暗示了翠花和荣兰之后要发生的爱情故事必然会受到世俗、等级的限制。

在故事的内容呈现上，对经典爱情故事的改编和借用，让发生在江南苏州的爱情故事更具情动力量。《游园惊梦》中翠花和荣兰的关系，使杜丽娘和柳梦梅的原型故事呼之欲出，《牡丹亭》的张力就在于给予观众超越生死的情感力量，当这种力量出现在《游园惊梦》中时，能够产生一种"熟悉感"。但杨凡导演并没有止步于制造"熟悉感"，而是进一步营造一种"陌生感"。翠花和荣兰的关系没有延伸到现实生活中，现实中的荣兰脱下男装，换上旗袍，留着女士短发。也就是说，荣兰并不想在现实生活中真正开展这段关系，所以两人的"破碎感"就会带来熟悉的"陌生感"。除了对经典爱情的改编，"借用"的手法也可以使电影中的苏州爱情故事散发出古典气质。1985年，由陈方千导演拍摄的电影《泪洒姑苏》讲述了明朝无

---

[1] 西格蒙德·弗洛伊德.性学三论与爱情心理学[M].李妍,译.北京:台海出版社,2016.

锡县县令之女王怜娟和苏州知府之子张青云之间的曲折爱情故事。"电影转译戏曲艺术，需要首先搬除戏曲舞台趣味性对叙事的阻挡，有限修订与置换艺术结构体制并举。"[1]因此，影片前半段同样是借用了《牡丹亭》中《游园惊梦》的选段，后半段则借用了秦腔《杀庙》中韩琦和秦香莲的故事，结尾又借用了清代古典名著《三侠五义》中的"奇冤报"选段。在有限修订与置换的艺术表现中，王怜娟的端庄与真心、张青云的玩世不恭与薄情寡义，两个鲜明的人物形象呼之欲出，深刻演绎"士之耽兮，犹可说也；女之耽兮，不可说也"的凄美爱情，也是创作者对封建社会男女爱情不对等的批判。此外，由金舸执导的电影《醉吴歌》根植于江南吴地文化，并部分取材于冯梦龙收集山歌的真实经历，再现了一段400年前缠绵悱恻的爱情。

在故事的收尾和结局上，"爱情的落空"让电影产生凄美之感，为江南姑苏蒙上别样的悲剧美和人性美。《游园惊梦》中翠花最终因为痨病与荣兰阴阳相隔，在弥留之际，她仍然想起荣兰为她过生日的场景，唯美且禁忌。荣兰对她说着"怎么会想到，遇见了你"，回忆与翠花唱过的昆曲片段，所有的"情"与"信"终究落空，留下的人独守江南的水中楼影和四季更替。《泪洒姑苏》中的"陈世美"张青云被天官判处死刑，王怜娟在产下一子后也不幸离世，两人从一见倾心到生死相离，爱情同样不得圆满。实际上，除了故事本身的需要之外，这种"爱情的落空"也显示出一种"接受美学"上的需要：唯美的爱情氛围只有在上升到一定高度突然停止，这样的爱情才能让人意犹未尽。发生在苏州的爱情故事，与这片土地上烟雨蒙蒙的"朦胧美"一样，总是会笼罩着些遗憾及某些不知名的薄薄面纱。在江南苏州的叙事场域中，《游园惊梦》《泪洒姑苏》等影片中的爱情故事与特定年代的背景、古典文化的浸润、阴阳相隔的落寞交织在一起，爱情双方在各种不可控的因素中辗转、变化，显示出内心的不确定性和感情的不可逆转性，恰恰是这些情不由己、难以把控的爱的落空，才让情感凸显出极致的美感，才让苏州获得妩媚的动人气质。

不难发现，电影中几乎所有的爱情故事都印证了《游园惊梦》开头《牡丹亭》中的那句经典台词："情不知所起，一往而深。"英国作家戴

---

[1] 王一冰."脚色体制"与戏曲电影艺术理论建构[J].电影艺术,2022(6):52-58.

维·赫伯特·劳伦斯（David Herbert Lawrence）曾说："对人类来讲，最伟大的关系不外乎就是男女间的关系了。"[1]爱情在人类社会关系中的地位不言而喻，发生在苏州的爱情故事是感性的，相关的电影也极具情动力量，它们在一声声软软念白的昆曲中绕梁三日，在泪眼婆娑的才子佳人身边氤氲而起，在树影斑驳的苏州园林中凭栏吟咏，电影中的一颦一笑把消散于历史的古老爱情又"拽"了回来。

三、谍战故事与创伤记忆的修复

在苏州形象的叙事建构中，有一个独特的抗日谍战故事，成为战争时期苏州在创伤中奋勇崛起的缩影，这部影片便是1981年上映的《特高课在行动》。电影改编自现代作家孙树棻的长篇小说《姑苏春》，作为以苏州为叙事背景拍摄的抗日谍战片的典型代表，聚焦的故事时空是抗日战争时期日军占领下的苏州城。电影采用线性叙事的方式，以我方地下党员潜伏进敌方高层为叙事内容，以此展开敌我双方互相博弈、暗流涌动的谍战故事。故事背景设定在1943年，在前线抗战的新四军需要一批治疗负伤战友的药品，潜伏在苏州城内的共产党员周益在收到线报后第一时间着手筹备药品的运送工作。然而日军竟从叛徒口中得知了买药人接头的暗号，将博爱医院的院长、外科医生周益，医术不佳但有政治倾向的医生辛玉廷，护士沈虹，花匠老方列为可疑人员，并进行逐一排查。同时，博爱医院里也潜伏着日方派出的"45号"间谍，试图顺着新四军买药事件，将苏州城内的共产党员全部剿灭。

在这个谍战故事中，有三种情节要素极富吸引力，符合谍战片的基本叙事需求，也是《特高课在行动》具备超前创作意识的基础。其一是谍战双方的相互考验。影片中的宪兵队最高长官青木为了查出潜藏在暗处的采药人，故意使用苦肉计，派出一名受伤的日本特务，乔装成共产党员潜入博爱医院；医院里的两名医生周益（为新四军送药的采药人）与辛玉廷（被称为"帝国之眼"的日本间谍"45号"）之间也察觉到对方有问题，相互试探、考验，这种考验一直持续到双方身份揭秘为止。其二是意料之

---

[1] 劳伦斯.劳伦斯文艺随笔[M].黑马,译.桂林:漓江出版社,1991:14.

外的悬念设置。悬念设计的好坏是显示一部谍战片是否为"上乘之作"的重要标准之一，这部拍摄于20世纪80年代初期的作品，在悬念设计上丝毫不亚于当下的《风声》《听风者》等电影，显示出较高的制作水准。比如，当花匠老方和护士沈虹为伤员找药时，电影用特写镜头拍摄了一双偷窥的眼睛，让观众纷纷猜测躲在门后的人是谁，吊足胃口。尤其是全片的结尾，丁彦的身份揭秘——他是潜伏在日军高层内部的共产党，突如其来的大反转不仅增加了故事的看点，也使整个故事从"恶化序列"转向"改善序列"，最终形成了法国文艺理论家茨维坦·托多洛夫（Tzvetan Todorov）所说的"平衡—不平衡—平衡"的圆形结构。其三是敌我博弈中的"崇高感"。正义的形象可以给观众带来崇高敬仰之感，谍战片的价值内涵也正在于此。在《特高课在行动》中，在周益与辛玉廷的搏斗中，辛玉廷最终被制服，这个日本间谍得到了应有的惩罚；在周益准备舍命时，我方潜伏者丁彦控制了假接头人，协助周益顺利完成了送药任务。共产党人的坚定信仰和不屈不挠的大无畏精神跃然而出，这也为苏州形象增添了革命的光彩。

　　除了故事层的精彩设计之外，影片引发共鸣的地方更在于对抗战期间苏州创伤记忆的修复。以电影作品对创伤记忆进行重构与传播时，需要从道德层面来考察受众的可接受度问题，也就是要考虑将历史创伤转化为叙事性故事时，是否会对个体产生二次伤害。这个问题在某些"二战"题材和南京大屠杀、慰安妇题材的影片中偶有出现。电影艺术需要实现的是，通过艺术化的表达将个体的创伤记忆呈现出来，借由一个逻辑自洽、价值导向正确的故事，凝聚受众的民族认同感，从而使受众正确审视这段创伤记忆，并从中获得新的精神力量。这个过程实际上就是朱迪思·赫尔曼（Judith Herman）所提出的创伤复原的过程——建立安全环境、重述创伤故事和重建与他人的联系。[1]《特高课在行动》的内在价值正在于，它给受众提供了这样一个创伤修复的场域，以"谍中谍"的故事，展示了中国共产党党员潜伏于隐蔽的战场，舍生忘死、英勇向前的革命精神。同时，影片在重述这个创伤故事时，又用空镜头展示了碧波荡漾的苏州河水、傲然屹立的姑苏双塔，美丽的风景与惨烈的战争形成鲜明对比，让创伤记忆与城市历史

---

[1] 朱迪思·赫尔曼.创伤与复原[M].施宏达,陈文琪,译.北京:机械工业出版社,2015:151-152.

交融起来，唤醒观众对城市的个体情感。最终，影片用一个"改善序列"将这种创伤记忆予以影像化的消解，让观众回归正常的当下生活。

身处20世纪的中国，人们遭受过惨绝人寰的战争和难以抚平的磨难，这些惨痛的经历不仅给生命个体带来了多重伤害，也给整个国家造成了重创。审视这些灾难，可以让我们更好地走出过往的记忆桎梏，走向凤凰涅槃的精神重生，同时，这更是新时代实现民族大繁荣的必要任务。"形象不仅呈现为一座城市的视觉表征和空间生产策略，它们还是相应群体（如城市居民）进行信息交流和意识沟通的中介物。"[1]借由特殊年代的苏州形象建构，《特高课在行动》所展示的不仅仅是满目疮痍的抗战历史，而且是中国面对侵略做出不懈努力的"大历史"。尽管这些历史中充满着不可逆的创伤记忆，但是并不妨碍我们从历史记忆中突围，于未来世界中寻找光明。因此，在电影叙事中，采用积极正面的策略看待创伤记忆，用辩证、冷静的眼光看待过去、现在和未来的相互关系，树立正确的情感观念，我们才能以事后叙事的窗口窥见过去的时代记忆，产生更多的走向未来的可能性，而并不是仅仅把自己当成历史的产物。唯有这样，电影人才能创作出具备抚慰创伤记忆的真善美的中国故事。

作为拥有两千多年历史的苏州古城，"电影等现代媒介如何叙述和展现它，其实是一个很值得关注的话题，特别是在今天的全球化时代，发掘本土文化资源，重建城市自我认同已为新潮流"[2]。电影中苏州故事的讲述和苏州形象的书写不仅可以有效地对苏州文化予以视觉化呈现，而且也可以帮助观众建立起对苏州的整体印象乃至情感认同。进入21世纪以来，虽然只有《我想你·爱我》等影片直接以苏州为创作背景，但是越来越多的苏州元素进入电影，如《厉害了，我的国》中的木渎古镇、《私人订制》中的阳澄湖半岛等。正是这些苏州元素的影像化，不断建构着多元的苏州形象。然而，巧妙使用故事化叙述策略来组织、搭建苏州元素，创作出观众喜闻乐见的苏州故事，是摆在中国电影人面前的难题，苏州形象的影像化书写与传播之路仍然任重道远。

---

[1] 杜丹.镜像苏州:市民参与和话语重构:对UGC视频和网友评论的文本分析[J].新闻与传播研究,2016(8):88-108.

[2] 曾一果,王莉."怀旧"的城市诗学:关于"苏州形象"的影像建构[J].江苏社会科学,2014(4):194-202.

第三节　电影艺术建构城市形象的媒介反思

自 20 世纪 60 年代以来,《满意不满意》《小小得月楼》《美食家》等电影勾勒了一个精致典雅、古色古香的苏州形象。这一方面是基于"视觉性"产生的,通过建构苏州意象、苏州符号等展示苏州气质;另一方面是基于"再现性"产生的,即以重构集体记忆让观众产生审美共鸣。那么,这些电影在塑造"苏州形象"时有没有出现什么问题呢？ 或者说,在视觉机制和集体记忆的背后有没有潜藏的症候呢？ 厘清这些问题,可以为今后苏州形象的影像书写提供借鉴和参考。

一、对怀旧书写"视觉性"的质疑

齐格蒙特·鲍曼（Zygmunt Bauman）在《怀旧的乌托邦》一书中深刻地指出,当前社会正在因为不断的加速和过度的焦虑而陷入"怀旧"的流行病。"全球都在流行这种怀旧病,越来越多的人渴望拥有一种集体记忆的共同体情感,渴望在一个碎片化的世界中获得一种连续性。"[1]鲍曼从不同维度阐释了产生怀旧的深层动因,其中最重要的是人们对当前的生活感到不安和疑惑,试图对过往进行美好的意识形态想象,以此对现在的缺憾进行补偿和修复。那么,电影建构"怀旧苏州"的立足点是什么呢？ 或者说,电影艺术应该秉承何种有效策略来塑造"怀旧苏州"呢？ 这些问题是未来影视艺术书写苏州形象绕不开的议题之一。

我们当前正处于一个视觉文化盛行的社会,人们已经习惯眼花缭乱的视觉刺激和感官体验,这也正印证了海德格尔（Heidegger）所预言的"世界被把握为图像"。对于以视觉形象见长的电影艺术来说,它更善于建构可

---

[1] 齐格蒙特·鲍曼.怀旧的乌托邦[M].姚伟,等译.北京:中国人民大学出版社,2018:5.

观可感的空间或场景来调动集体情绪，尤其是关于城市形象与城市文化的电影，常常通过特定的城市建筑、城市地标、城市街景等展现象征含义。城市特定空间作为表征城市形象的"指涉物"，既可以明确地定位城市的文化和气质，也是电影具象化重构城市形象的有效叙事手段。在《小小得月楼》《美食家》《马路骑士》等影片中，反复出现的苏州景观也深刻地阐明了这一点。因此，这些影片对于苏州形象的建构也不可避免地产生一种"先入为主"的视觉想象，以最能彰显苏州气质的小桥流水、亭台楼阁及典雅、静谧的空间和景观，强化电影中"视觉苏州"的特定内涵。在《马路骑士》中就出现了20世纪80年代苏州比较热门的电影院之一——桃坞电影院。20世纪70年代末到90年代中期，是苏州影院的第一个繁荣期。1978年，曾分别被改名为"长征""工农兵""红卫""延安"的苏州电影院、大光明电影院、桃坞电影院、新艺影剧院，相继恢复了原来的名称。当《马路骑士》中的地景标志——桃坞电影院出现时，可以很好地进行时间定位和城市定位。在《游园惊梦》中，苏州的园林建筑则成为苏州的城市名片。这些物质空间既帮助观众定位时空，也代表某一城市的时代风情和形象气质。正是因为电影对这些视觉符号的组接与拼贴，观众才能瞬间定位到具体城市并形成主观印象。因此，这种怀旧书写更多的是基于影像"视觉性"展开的，仍然属于视觉文化的范畴。

那么，过多的"视觉性"诉求会不会影响"情感性"表达？或者说，对"视觉性"过于简单、机械的呈现会不会消解观众对某个城市的"情感性"体认？这是电影在建构苏州形象时需要深刻思考的问题。此前，像《小小得月楼》《满意不满意》等影片虽然在挖掘苏州形象的文化特质及其视觉化呈现方面具有很大的开拓性价值，但是如果从情感性的角度来看，其传播性和辐射范围还是不够广的，更多地集中在苏州或江南地区，在这些地区产生共鸣效应。说到底，不管是聚焦苏州美食故事，还是特殊年代的谍战故事，其"普世价值"并不明显。因此，题材和故事是否具备情感力量或情动功能，在一定程度上决定了影像的"视觉性"与"情感性"的适配度。这一问题在影片《我想你·爱我》中得到了适度调和。该片由苏州市民政局指导、苏州市家铭文化传媒有限公司出品，以苏州市姑苏区暖暖爱心公益坊为原型，讲述了公益坊为失独、孤寡、空巢等老人提供爱心志愿服务的故事。影片聚焦生活中的平凡小事，以简单质朴的镜头语言，再现了当代社会老年人的生存状态。电影一方面以苏州市井生活为拍摄背景，在"视觉性"层面呈现苏州乡土文化与现代文化共生的状态；另一方面聚焦老人身边的故事，从独特而真实的视角引发社会的反思和共鸣。进一步而言，"视觉性"和"情感性"的调和，不仅是电影建构苏州形象的一大难题，而且更是影视艺术塑造城市形象时需要格外注意的重要问题。

在当下日新月异的时代语境下，人们对城市的理解和感受已经发生了翻天覆地的变化，观众对电影艺术的城市想象也有了不同于以往的新要求。电影人对包括苏州在内的城市形象的再造不能仅仅依靠引发"怀旧"的视觉符号，毕竟这种审美共鸣是短暂的、易逝的，而需要在"视觉性"的基础上强化"情感性"的表达。因此，我们必须在抓住"苏州元素"的同时，借助更易引起大部分人共鸣的题材进行创作。换言之，我们需要借由苏州的"外壳"表达新时代的"内核"，以地方文化特色承载中华精神，在新语境、新逻辑与新观念中创造性地呈现苏州形象。唯有这样，我们对苏州的书写才能有新意、有力量、有延续性。

二、对集体记忆"再现性"的考量

集体记忆也叫"群体记忆"，从广义上说，集体记忆指的是一个具有自己特定文化内聚性和同一性的群体对自己过去的记忆；从狭义上说，集体记忆专指非历史学的对历史的记忆。简而言之，集体记忆指的是一群人记住过去的方式。基于此，这里就涉及两个比较重要的理论问题：一个是"记住的过去有哪些内容"，另一个是"用何种方式记住过去"。对于电影中的"怀旧苏州"而言，记住过去的方式显然是不变的，即创作者用视听语言、影像叙事再现苏州形象。然而，对于过去的内容，不同的受众有不同的理解，电影对苏州形象的建构也有可能存在矛盾与困惑。因此，我们有必要对电影中苏州集体记忆的"再现性"问题予以考察，以期对未来苏州形象的影像建构提供些许参考。

电影艺术在塑造苏州形象时，集体记忆发挥的核心功能即链接过去和现在，通过对当下符号、空间、景观等的再现，唤起受众对过去的记忆，从而发挥影像的传播功能。我们可以把这种符号性的连接功能称为"延续"，正是在不间断的"延续"中，才勾起了受众对于过去记忆的怀念与追忆，这也是我们能在电影中看到多样的苏州地景的重要原因。然而，谁来决定"延续"的内容呢？我们既能够在这些有关苏州的电影中看到美食故事、爱情故事、谍战故事等，也可以从中了解到乡土苏州、文化苏州、市井苏州等多元的苏州形象，但是这些是否就是最原生态、最接近现实的苏州呢？或者说，是否还有其他可以"延续"的内容来表征苏州呢？这些是创作者在塑造苏州形象时需要密切关注的问题。与此同时，关于苏州的集体记忆建构也导向了另一个不能回避的问题，亦即隐藏在"延续"表象下的某种"断裂"。一方面，这种"断裂"表现在创作者对苏州形象挖掘的不完整性上。从目前的影像材料来看，创作者更多地挖掘了苏州的风俗民情等较为传统的元素，比如，《美食家》中的各类美食、《马路骑士》中的街景地标等，而并未充分关注苏州的现代化进程。因此，"单面向"的形象塑造虽然可以更深入地挖掘苏州形象的某个侧面，但其局限性也较为明显，相关的电影未能充分展示苏州的"复合型"特质。另一方面，这种"断裂"也表现为相关苏州题材电影的缺乏。20世纪下半叶关于苏州的电影在创作上还是比较客观的，诸如《小小得月楼》《游园惊梦》等影片上映之后也获得了较好的口碑。但是21世纪以来，关于苏州的电影数量骤减。这种创作上的"断裂"必须引起重视，其中，既有新题材开拓较为困难的问题，也有电影市场难打开的问题，亦有本土电影难以走向全球化的问题。归根结底，"将'过去'鲜活地展现在人们眼前，在'过去'和'现在'之间创造一种情感的联系"[1]，才能弥合苏州形象的"断裂"，促成城市文化的"延续"。

在媒介和集体记忆的基本研究范畴中，除了"延续"与"断裂"的问题之外，还存在"再现"与"遮蔽"的论争。大众媒介是如何建构集体记忆的？这个问题一直是学界争论不休的重要议题。电影作为大众媒介的重要形式之一，它对苏州集体记忆的呈现同样面临这样的问题。"再现"的主要表现为电影对地方、民族、国家集体记忆的一定程度的还原。因此，在与苏州有关的电影中，苏州人、苏州景及苏州的风物都被一一呈现，并由此展示某个时代苏州的文化风貌。比如，《满意不满意》借用服务员杨友生来表现社会主义社会欣欣向荣的面貌，《小小得月楼》则通过毛头等年轻人

---

[1] 周海燕.媒介与集体记忆研究:检讨与反思[J].新闻与传播研究,2014(9):39-50.

开饭馆凸显新时期以来个体经济不断发展的景象。"再现"往往能够以小见大地呈现某个时代的独特景观，电影对于苏州集体记忆的"再现"正是在一个个平凡的苏州人的形象中勾勒出来的。然而，媒介在对集体记忆进行再现时，是否会存在"遮蔽"的情况呢？ 这是创作者需要深思熟虑的问题。比如，《小小得月楼》《美食家》等展现苏州美食的电影，更多地侧重于描绘苏州美食的精巧、做工步骤的考究，但是并未谈及苏州美食的演化过程及其与其他地方美食的交融互动。这就是一种无意识的"遮蔽"，电影仅仅展示了美食或苏州文化本身，却并未进一步挖掘文化的演变历程或交流状态，不免遗憾。这一问题在同样以美食为拍摄对象的纪录片中得到了一定的缓解，如《舌尖上的中国》《风味人间》等纪录片，其中所涉及的苏州美食故事的讲述大多未"遮蔽"美食背后的人情世故和历史发展，从而使关于苏州美食的集体记忆更完整、更深远。事实上，当前的记忆大多是文化工作者重建的，人们借助这些记忆形成"认知共同体"，获得进一步交流沟通的机会。因此，电影人其实也应该肩负起记忆重建和文化传播的重任，不管是凭借苏州形象，还是江南文化，最终要实现的无非就是用影像的方式帮助人们重建集体记忆，以此保留和传承中国优秀历史文化。

集体记忆可以由一个家庭、一个企业、一个城市或者一个国家组成，共同的记忆既可以关于事实也可以关于解释。对于任何我们所属的重要的社会群体，每个人都有集体记忆。城市文化的建构同样也离不开集体记忆，只有创作出让观众感同身受的影像故事，既不"遮蔽"过去的事实，也不缺乏对未来的反思，才能拓宽城市文明的影像化路径，让电影人对苏州的书写更具魅力。

三、对苏州形象"空间性"的阐释

在很长一段时间内，人文社会科学总是在研究"空间"的实体形态，却忽略了"空间"本身的多义性、复杂性的社会内涵。亨利·列斐伏尔（Henri Lefebvre）则打破了这一僵局，他察觉到历史和社会生活的"空间性"被大多数学者规定的"时间-历史"维度"遮蔽"，而实际上，"空间"应该是开放的、自由的。具体而言，列斐伏尔将空间划分为"感知的空间"（the perceived space）、"生活的空间"（the lived space）、"构想的空间"

(the conceived space)。

"感知的空间"是纯粹地理意义上的物理空间,诸如城市的街道、高耸的摩天楼及混杂的歌舞厅等,这些空间是空间研究者们一以贯之的考察对象,他们可以借助测量工具把这些空间精准地测绘出来。"生活的空间"是每个存在个体所想象、虚构、体验的空间,具有象征性的含义,它是一个被动体验的或屈服的空间,是被想象力改变和占有的空间。物理空间在其中被遮蔽了,它借以象征的手法来作用于其他事物。[1] "构想的空间"则是一种"概念化的空间",是根据真实世界中的社会关系所建构出的空间秩序,此种空间秩序通常会伴随着社会的分层和权力的倾斜,从而造就一种难以名状的空间权力关系。实际上,在《小小得月楼》《美食家》等影片中,"感知的空间"和"生活的空间"其实都被很好地建构了出来,比如,《马路骑士》中的观前街、盘门还有桃坞电影院等苏州地景符号,《满意不满意》中江南水乡的市井风貌、白墙黑瓦的房屋、狭长幽静的弄堂等空间景观,《小小得月楼》中的东园、得月楼等苏州标志性空间,等等。

然而,这些影片对"构想的空间"的建构却表现平平。"构想空间"是基于空间实践者真实的城市生活所产生的,它是形象生动且充满魅力的,从自我、家具、客厅、房屋到商场、咖啡馆、写字楼,都是"构想的空间"的重要组成部分。这些真实的空间在具体的生活语境中形成多元的关系,它们在一定程度上已经逐渐摆脱其作为真实空间的"环境性"特质,而逐渐向一种承载权力或意识形态的"关系性"空间转变。质言之,现代城市的内在结构、整体样貌及物理形态是人类社会实践和社会意识形态综合作用的结果,这在很大程度上决定了城市的基本属性,它并非是一个不偏不倚的实体环境,而是被城市的空间实践者创造和构想出来的。《小小得月楼》旨在批判"走后门""权谋利益"等不正之风,创作者在这里就可以借用白科长和毛头所处的空间关系来深化主题,比如,分别呈现白科长的办公室和毛头的得月楼,一边可以用冷色调处理,另一边可以用暖色调处理,以空间的视听处理来强化二者的对立。

总而言之,在《小小得月楼》《美食家》《马路骑士》等影片中,创作者凭借视觉机制和集体记忆再现了具有文化怀旧意味的苏州形象。视觉机制

---

[1] Henri Lefebvre.The Production of Space [M]. Oxford:Blackwell Press,1991:42.

既强调苏州城市建筑、地标、街景等的再现,也面临影像的"视觉性"与"情感性"的适配度问题。集体记忆则能发挥链接过去和现在的核心功能,但是在影像中存在着"延续"与"断裂"、"再现"与"遮蔽"的矛盾问题。在此基础上,重新审视电影建构苏州形象的空间性问题,可以更好地进行理论研究,为今后城市电影的创作提供参考。

第二章 植入式传播:荧屏世界中的「时尚苏州」

第一节　电视剧中"时尚苏州"的元素融合

一、彰显古典的苏州古镇

对于江南古镇的视觉想象，中国电影人早在20世纪30年代就做了有益的探索。1932年，孙瑜执导的无声故事片《野玫瑰》，即以江南水乡为叙事背景，讲述了水乡女孩小凤和富家少爷江波相识相知、投身革命的故事。1933年，程步高执导的茅盾文学奖同名电影《春蚕》，以浙江东部的南浔古镇为故事背景，讲述了蚕农老通宝占卜养蚕引发的一系列故事。新时期以来，中国电影对东北形象、北京形象的关注与日俱增，但对江南古镇的影像建构并不突出。直到20世纪90年代，江南古镇才频繁出现在影视作品中，光是1995年就出现了以同里古镇为拍摄对象的《红粉》和《风月》，这两部影片分别由李少红和陈凯歌执导，还有张艺谋导演的以苏州东山镇为主要取景地的《摇啊摇，摇到外婆桥》。第五代导演集体发力，将镜头对准江南古镇，从而使江南古镇的影像化形象又重新回到大众视野。21世纪以来，除了电影之外，越来越多的电视剧作品聚焦于苏州古镇，《都挺好》《亲爱的，热爱的》《何以笙箫默》《深宅雪》等电视剧，不仅以苏州古镇作为重要的叙事背景，而且也借助古镇独特的水乡特色和民俗风貌展示其人文内涵，这成为电视剧叙事的重要部分。

勾勒简静淡雅的东方意境，是电视剧塑造"时尚苏州"的重要维度。苏州古镇通常都远离嘈杂的城市空间，是一个与城市文化相互区隔的独立空间。城市空间中有高耸入云的摩天大楼、整齐划一的花园洋房、喧嚣嘈杂的车水马龙，这些都成为城市繁荣的符号指涉。而电视剧中的苏州古镇则完全是一种远离城市、远离政治的理想家园，"还有一种最大限度地超越了儒家实用理性、代表着生命最高理想的审美自由精神"[1]。比如，在《都挺好》中，故事发生在21世纪的苏州，且更多的叙事空间都集中在现代大都市中，高楼林立、车水马龙，但是剧中所建构的"平江路古街"远离城市，犹如一方净土。我们这里所说的"简静淡雅"并不是说苏州古镇与城市完全割裂、毫无关系，而是古镇所处的位置致使其与城市之间的交通条件不够便捷，久而久之发展步伐就落后于城市。因此，古时的苏州古镇就是一个岁月静好、遗世独立的世外桃源，不少文人雅士、达官显贵为了逃离世俗、远离纷争，就来到苏州古镇修宅邸、建园林，安度晚年。作为大众艺术的电视剧天然地具备反映历史与现实的功能，所以20世纪90年代以来就有很多电视剧把苏州古镇建构成远离城市、简静天成的理想家园。

在这些理想家园中，尤以位于吴江区太湖之畔的同里古镇为最。不管是《红楼梦》中的凄美爱情，还是《何以笙箫默》中的校园情感，抑或是《亲爱的，热爱的》中的甜蜜热恋，都借助同里古镇散发出独特的江南味道。作为"江南六大古镇"之一的同里人文荟萃、文物古迹遍地，尽显人杰地灵之风韵。实际上，在先秦时期，同里古镇就是吴地最富庶的地方，并以"富土"著称；宋代正式建镇后，将旧名"富土"两字相叠，去掉上面的一点，再将该叠字上下拆分为"同"和"里"，江南胜地的美名就此诞生。从这个富有诗意的名字里，我们其实就能窥见苏州人具备的含蓄的文化观念和深厚的历史文化。同里古镇四面环水，蜿蜒曲折的15条河流将其分割成7座小岛，纵横交错的49座古桥又将其连为一体。据清嘉庆《同里志》记载，同里在宋代就是吴中数一数二的重镇，天然的水陆交通壁垒，让它遗世独立，很少遭受兵乱之灾，因此，它也就成为富绅豪商们避乱安居的一处理想之地。古镇上既有明清时期留下的古代建筑，又有独具江南特色的白墙黑瓦，加之新时期以来政府改造的粉墙黛瓦，江南古镇的温婉与内敛被体现得淋漓尽致。

作为我国江南水乡风貌最具代表性的城镇，同里古镇于2010年被评为国家5A级旅游景区，并享有"东方威尼斯"和"明清建筑博览馆"的美誉。在同里这座"明清建筑博览馆"中，最精致的一件艺术品，是位于富观街长庆

---

[1] 刘士林.西洲在何处:江南文化的诗性叙事[M].北京:东方出版社,2005:209.

桥北埭的崇本堂。这座宅院面积虽不足一亩（约为666.67平方米），却构造精巧、砖刻、木雕美轮美奂，堪称江南宅园纵深扩展的范例。如今这里已被辟为江南水乡婚俗馆，馆内展示了大量清代、民国时期的江南婚俗藏品。在一座摄像机镜头雕塑周围，刻着在同里古镇拍摄过的影视剧名称。正是由于古镇具有典型的江南水乡特色，使其成为天然的影视外景地。数十年来，在这里拍摄过的影视剧已多达数百部，同里影视基地也成为中国十大影视基地之一。

胡晓明教授在《"江南"再发现》一文中，将江南称为"想象的精神地域共同性"[1]。苏州古镇正是被囊括在"江南所指涉的空间"之内，所以苏州古镇也是一种想象的精神领域共同体。在今天，城市越来越成为文化传播的重要载体，苏州古镇作为重要的精神领域共同体，日益成为创作者青睐的对象。可以说，对精神地域共同体的迷恋和想象，从某种程度上来说是我们对未来的怀旧。正如美国学者斯维特兰娜·博伊姆（Svetlana Boym）所言，"全球化激发出对于地方性事物的更强烈的依恋。与我们迷恋于网络空间和虚拟地球村现状对应的，是程度不亚于此的全球流行病般的怀旧；这是对于某种具有集体记忆的共同体的渴求，在一个被分割成片的世界中对于延续性的向往。在一个生活节奏和历史变迁节奏加速的时代里，怀旧不可避免地就会以某种防卫机制的面目再现"[2]。电视剧是创作者们表达情感、抒发情感的重要方式，影视剧成为导演们排遣怀旧情结的最佳方式。影像中的江南古镇便是国内导演们的一个怀想——对不同时代的怀想。

二、承载情感的苏州建筑

在苏州的建筑文化中，为人所称道的便是作为世界非物质文化遗产的江南园林、极具特色的江南民居及一些具有古典韵味的生活空间。在李渔的《闲情偶寄·居室部》、曹雪芹的《红楼梦》、沈复的《浮生六记》等经典文学作品中，也不乏对苏州建筑的文学性描述，为读者勾勒出五光十色

[1] 胡晓明."江南"再发现:略论中国历史与文学中的"江南认同"[J].华东师范大学学报(哲学社会科学版),2011(2):113-123.
[2] 斯维特兰娜·博伊姆.怀旧的未来[M].杨德友,译.南京:译林出版社,2010:2-3.

的精神空间。自晋室南迁以来，苏州的达官贵人热衷于兴建私家园林，发展至五代吴越、南宋、明清时期，其数量占到总数的90%以上，可见苏州人极其向往精致典雅的生活方式。其中，在世界享有盛誉的有拙政园、网师园、狮子林、沧浪亭等，这些规模相对较大的园林在布局上都是按区划分，每个区都有不同的功能和特色，借景造势、以小见大，尽显苏州人的含蓄、隽永、精致。同时，择水而建的苏州民居也是苏州建筑的典型代表，白墙黛瓦、鳞次栉比，既具有生活气息，又符合美学标准，也是苏州人"不以物喜，不以己悲"的映射。此外，苏州的某些菜市场、茶楼、酒馆等也颇具特色，诉诸中国古典美学中的天人合一、借景抒情等美学追求，既能满足私人的会客与社交，又能实现文化怡情和情感互动。都市情感剧《都挺好》是对苏州建筑予以多元文化想象的典型样本，该剧将故事地点设定在苏州，用镜头呈现苏州时尚与传统兼备的城市空间，不仅聚焦古色古香的江南小镇，而且描摹车水马龙的现代都市，尽显多面且丰富的江南空间景观，折射出传统与现代兼容并蓄的苏州建筑文化，让观众在苏州建筑的多元文化遥望中感受到两千多年古城的底蕴和魅力。

　　个体与城市有着相互依存的密切关系，电视剧《都挺好》的故事主线围绕苏州古城中一个名叫同德里的巷弄展开，苏家人的命运沉浮和起承转合都与同德里紧密关联，以此赋予苏州古城别样的情感色彩。同德里是苏州城区中部的一条巷弄，与相邻的同益里组成民国建筑群，巷子内的生活是典型的"慢生活"，静谧且惬意；巷子外则是川流不息的现代化城市，繁华且精致。电视剧中的苏家老宅就位于这条巷弄，女主角苏明玉就出生在这里，由于母亲的"重男轻女"思想，她与家里断绝关系，边读书边打工，历经坎坷，母亲的意外离世让她重新回到了苏家老宅，故事也就此开始了。电视剧以情景相融的叙事手法，呈现原生家庭给苏明玉带来的伤害和痛苦。母亲的丧事让苏明玉重新回到同德里的这间民居，她逐渐回忆起曾经的往事：母亲把鸡腿留给两个哥哥、不给她买辅导资料的钱、为了哥哥能够出国留学甚至卖掉她的房间，这些惨痛的回忆不仅使人物形象更加立体，而且也获得观众的情感共鸣。在视觉呈现上，镜头下的苏家老宅空间狭窄逼仄，光线较暗，色彩偏灰，勾勒出一个压抑、窒息、具备情感矛盾的叙事空间，有关苏明玉的"回忆线"则借由这个空间铺展开来。"过去已不再是简单的记忆政治，不再是一片待回归的土地。它成了一个存在于当下的、储存各种文化场景的仓库。"[1]苏明玉的童年充斥着歧视、无助与言语暴力，这一切都来源于母亲的守旧思想，用记忆暗喻当下，电视剧似乎也把苏州文化中的某些因循守旧的文化传统揭露了出来，给予观众警醒。到了故事的发展阶段，老宅空间继续参与叙事，成为人物关系的外在指涉。在苏明玉和苏明成夫妻算账的情节中，老宅不仅成为财产分割的对象，而且讽刺了"重男轻女"的愚昧思想。不管是家里的存款还是房子的居住权，原本属于苏明玉的部分都在不知不觉中被苏明成侵占，苏明成甚至都觉得理所当然。在这场戏中，苏大强拿出多年记录的账本，清算兄妹三人从小到大的开销，这也从侧面反映部分苏州人的精明世故。在故事的结尾，苏明玉重新买回老宅，选择与痛苦的原生家庭和解，选择与老年痴呆的父亲和解，原本支离破碎的老宅被赋予亲情和温暖，同德里的这条巷弄成为一个名副其实的情感空间。

  同时，《都挺好》中的"食荤者"不仅是独具苏州特色的地方餐馆，也是苏明玉寻求爱情慰藉的情感空间。"食荤者"的取景地位于苏州平江历史文化街区的大儒巷内，颇有些"大隐隐于市"的味道。平江历史文化街区是苏州迄今为止保存最为完整的一片区域，代表着苏州古城传统建筑的基本风貌。从空间布局上看，"食荤者"的外廊和内厅并不是直通的，连接内外两个空间的是一条弯曲的石板小路，这是苏州建筑"曲径通幽"的典型设计，也暗含苏州人含蓄内敛的性格气质。从情感表达上看，"食荤者"餐厅是苏明玉遇见真爱的空间实体，也指向一种舒适、静谧、无忧无虑的慢节奏生活。每当她在工作或生活中遇到挫折后，她都能在这个空间中疏解身心、摒除杂念。更确切地说，"食荤者"老板石天冬给予的美食和关心，美食中有着"家的味道"，关心中有着"亲人的味道"，正是这些温暖治愈了苏明玉的身体和心灵。如果把"食荤者"餐厅换成喧嚣的场所，就不再适合苏明玉尽情抒发自己的内心情感了。因此，典型环境和典型人物相融，不仅凸显人物的性格和处境，而且也很好地传播了城市文化。此外，"食荤者"餐厅对于石天冬来说也是一个特殊的存在，它是石天冬的安身立命之所。不管是在原著小说还是在电视剧中，石天冬在苏州这座城市中始终都有漂泊之感，"食荤者"餐厅恰恰给了他"安定"的感觉，他温文尔

---

[1] 阿尔君·阿帕杜莱.消散的现代性：全球化的文化维度[M].刘冉,译.上海：上海三联书店，2012:40.

雅、不急不慢的性格特征也与这个外在空间相吻合。剧中时常会出现石天冬制作料理的场景，并用大量的特写镜头展示美食的制作过程及石天冬的手部动作、面部表情等，塑造了一个心灵手巧、成熟稳重的男性形象。"他性情温和，与强势的明玉形成了一种互补：他开餐厅、做厨师的职业定位让风风火火的明玉有了一个休憩的港湾，明玉总是在石天冬餐厅用餐后安然入睡，也从一开始预示了两人未来的情感关系。"[1]当石天冬和苏明玉在"食荤者"餐厅相遇时，两个原本没有归属感的人物瞬间产生共鸣，虽然他们身份悬殊，成长环境和工作背景都大相径庭，但是他们仍然建立起亲密的爱情关系。因此，"食荤者"餐厅承载着爱、温暖与安定，既是与主人公情感叙事关联紧密的象征空间，也展示了苏州建筑在电视剧中的独特韵味。

三、象征未来的苏州新城

除了古色古香的苏州古镇和情感浓烈的苏州建筑之外，苏州新城也是"时尚苏州"的重要组成部分，象征着苏州的未来和现代化。"城市在中国文化观念中呈现着迥然不同的形象……从形象角度看，城市的象征可以是小镇的一片城墙，一座孤塔，一湾小溪；或是古城的一坊牌楼，一座宫殿，一片花园；抑或是都会的商业区、红灯区、贫民区。从观念角度看，小镇可以表示一种宁静，古城可以表示一种秩序，而都会可以表示一种喧嚣或紊乱。"[2]在苏州，工业园区既是目前高新技术产业集中的区域，也是充满科技感和智能感的新城区。诸如《飞鸟集》《三十而已》《重生之门》等电视剧都在工业园区取景，金鸡湖景区、东方之门、圆融时代广场等成为故事的叙事背景，凸显苏州的未来感和现代化。

这些在苏州取景的电视剧以人物形象勾勒城市面貌，以故事化呈现城市气质，让城市形象在大众传播媒介中变得鲜活、多元。由苏州蓝白红影业有限公司出品的《飞鸟集》，主要讲述了一群年轻人面对亲情、友情、爱情，如何克服艰难、披荆斩棘、成就自我，最终与世界和解的故事。该剧

---

[1] 戴清.揭示生活"隐秘的真实"：电视剧《都挺好》的创作成绩及其不足分析[J].艺术评论,2019(4):112-120.
[2] 张英进.电影的世纪末怀旧：好莱坞·老上海·新台北[M].长沙：湖南美术出版社,2006:156.

的取景地涵盖金鸡湖畔的规划馆、独墅湖边的飞鸟雕塑、金姬墩公园、胜浦工业区、阳澄湖半岛旅游度假区，充分展示了园区的独特风景和地标建筑的魅力。剧中主人公的励志故事与现代化的苏州新城形成呼应，苏州这座城市既给予年轻人追求梦想的勇气，也给了他们更多的机会，充分彰显了城市的智慧与凝聚力。《三十而已》讲述了都市女性在三十岁这一重要年龄节点遭遇到多重压力的故事，该剧的取景地涉及圆融时代广场、圆融星座、久光百货、东方之门、麦鲁小城等地，用镜头诠释摩登现代的繁华都市。观众跟随剧中人物钟晓芹、钟晓阳、陈屿等人的视角，既看到了都市男女错综复杂的情感关系，也体会到了这座城市的多元化和包容性。《重生之门》讲述了刑侦队长罗坚在调查古画失窃案件的过程中结识了天才大学生庄文杰，两人联手屡破奇案的故事。该剧取景于东方之门、苏州第二图书馆、北外附属苏州湾外国语学校等地，尤其是庄文杰站在天台的一场戏，庄文杰被威胁偷盗艺术品，景深处是光影流转的东方之门，故事中的悬念、紧张感与这座地标建筑的奇特、神秘感交相辉映，不仅赋予东方之门独具特色的美丽与韵味，而且也强化了剧集的紧凑感和戏剧性。

除此之外，为了更好地结合新城元素和人物形象，电视剧《都挺好》几乎做到了极致，将苏州的现代化和传统性高度融合。该剧对苏州工业园区金鸡湖景区附近的高档写字楼、东方之门、国际金融中心、圆融大厦和各大中高档商场及酒店做了大量的影像书写，既展示了苏州作为最强地级市的生命力，又为剧中人物的行动力提供了合理的语境。剧中的苏大强为了摆脱被苏母处处压制的阴影，他想方设法离开老宅，眼见侨居美国无望后就折腾子女给他买新房，以便自己能过上悠闲且奢华的晚年生活。"苏明哲是孝伦理的坚定执行者……孝的伦理在《都挺好》中是叙事的核心驱动力。"[1]因此，大哥苏明哲东拼西凑，在金鸡湖边给苏大强贷款买了一套三室一厅的"豪宅"，苏大强也由此过上了"四菜一汤"的奢华生活。这个地处时尚中心的居所，不仅强化了作为长子的苏明哲逞强好胜的"愚孝"形象，而且也塑造了苏大强自私虚荣、不顾儿女的"市井小民"形象。在叙事层面，这个空间还进一步推动了故事的发展与高潮，苏明哲的巨额房贷加剧其个人家庭关系的破裂，保姆蔡根花为了骗取房产也假意爱上苏大

---

[1] 陈守湖.困境、冲突与弥合：电视剧《都挺好》伦理叙事分析[J].当代电视,2019(5):4-7.

强,由房子引发的一系列"恶化叙事"让苏家再次陷入互相掐架的戏剧性矛盾之中。因此,不管是老宅交易、分配不均等的历史性问题,还是贷款买房的现代性问题,这些高价值房产并未给苏家人带去安定与和谐,而是无休止的纷争和撕扯。实际上,"电视剧《都挺好》中对苏大强人物的刻画非常细致,苏大强丧偶后不断寻找自己新的人生意义过程也是他作为中国城市社会中一名普通退休老人的主动养老尝试过程"[1]。搬迁苏州新城的行为也暗含着现代养老问题的艰巨性与复杂性,苏大强的"作骨头"固然是其本性使然,但也代表着部分为老不尊、只顾享乐、不考虑现实情况的"老年人形象",他们的行为加剧了养老问题的严重性。有意思的是,苏家儿女并未因此抛弃或者无视苏大强,而是尽量满足他的要求,除了明令禁止苏大强娶蔡根花之外,其他不违背原则的事情基本表示同意或默认。由此可见,苏州在经济水平不断提高的情况下,也在守护着血脉中流淌的柔情与包容,现代与传统交融于苏州新城,让观众感受到这座城市无限的可能和光明的未来。

　　与家庭空间相对应的是更敞开的、有着更多身份标签和话语区隔的工作空间,这是展示苏州新城现代化特征的另一维度。《都挺好》中出现的工作空间无一例外地都设置在现代化的苏州新城中。苏明玉的工作空间处于一座简约大气的写字楼里,整面朝阳的落地窗户、色彩统一的办公设备、实用简约的装修风格,折射出苏明玉干净利落的处事方式和位居公司核心的社会地位。此处工作场所是苏明玉实现自我价值的精神空间,凭借其缜密的思维和说话艺术,她从被抛弃的"臭丫头"变成了一人之下的"明总"。因此,极简风格是最符合苏明玉"人设"的空间形态,可以帮助观众更好地理解苏明玉的生存处境和人物性格。相较而言,苏明成的工作空间就狭窄逼仄得多,尽管也身处现代化大都市中,但是他没有独立的办公场所,只有面积不大的办公工位。于苏明成而言,他从小在父母的庇护下长大,仍然处于事业起步的初期阶段,所以这样的空间更符合他的人物形象。另外,大哥苏明哲从美国到中国的工作场所的变化也具有隐喻意味。苏明哲原本应该是三兄妹中最有出息的,出国留学、顺利留美,但是他在资本市场并未站稳脚跟,惨遭离职,苏明玉知道后便暗中帮助苏明哲找到

---

[1] 袁一民.养老焦虑与城市再融入:电视剧《都挺好》中的老年人口社会问题[J].中国电视,2020(1):40-44.

了外资企业的工作机会。其实，这种工作空间的变化暗含着苏州人亘古不变的文化传统，即亲人之间的守望相助。因此，围绕着三兄妹的工作空间，我们看到的不只是苏州求同存异的现代化职场生活，更是潜藏于其中的情感需求和心灵共振。

第二节 植入式传播与"时尚苏州"的叙事策略

一、叙事背景：苏城作为"场域"

新时期以来，尤其是20世纪90年代以来，随着大众文化的兴起和媒介技术的迅速变革，观看方式更为自由的电视剧越来越成为建构城市文化形象的艺术样式。在《何以笙箫默》《推手》《放弃我，抓紧我》《逆流而上的你》《你和我的倾城时光》《都挺好》《怪你过分美丽》等热播剧中，苏州都作为一个重要的"场域"参与故事的讲述，让观众在多元的苏州影像中全面理解现实中的苏州文化形象。

电视作为媒介表征，在建构同质的社会文化时，"对文化和所有生活在文化中的彼此各异的作为个体的人，充分地行使着一种'吟游诗人的功能'"[1]。换言之，电视剧除了讲述故事情节、塑造人物形象之外，还能以"吟游诗人"的电视观念去行使功能，它是一种"有意味的形式"，蕴含丰富的解读空间和深层内涵。在现代题材电视剧中，虽然更多地侧重于都市男女的情感、婚姻、家庭、职场等问题，但是城市的参与给我们提供了更多的路径去了解一座城市的文化。譬如，《都挺好》是一部典型的家庭伦理剧，其中所涉及的原生家庭问题却成为观众热议的话题，也颠覆了苏州原本的形象。电视剧《逆流而上的你》以三对夫妻的生活描摹当代都市人群真实的生活状态，金钱、育儿、婚姻交织在一起，镜头在古城区、园区、新区之间反复游走，既有古朴的平江路，也有现代化的金鸡湖，成人世界的辛酸与抉择、团圆与欢乐，都汇聚在这座包容性极强的城市，让观

---

[1] 彼得·比林汉姆.透过电视了解城市：电视剧里的城市特性[M].宋莉华,王田,译.上海：上海人民出版社,2012：13.

众在个体的"小历史"中看到城市文化的"大历史"。《怪你过分美丽》这部剧拍摄期间同样到苏州太湖取景，该剧涉及流量艺人捆绑 CP、解约、轧戏、粉丝应援、饭圈文化、制造热搜、危机公关等一系列娱乐圈现象，深度还原了复杂的娱乐圈生态景观，剧中苏州地域的出现引发了学界关于"城市造星机制""城市文化传播"等方面的探讨。可以说，当城市被植入电视剧之后，城市文化形象便具备了更广阔的解读空间，也形成了更有效的传播力度。

那么，通常来说，在电视剧中植入城市形象的基本路径有哪些呢？首先，地域元素的实景呈现，直接定位故事发生的地理位置。我们都知道，在一些虚构类的电视作品中，创作者往往会使用虚构的地名、身份、街道乃至车牌号码，而在《都挺好》《逆流而上的你》等电视剧中，创作者都以空镜头的方式直接告诉观众故事发生的地点是"苏州"。在《都挺好》开篇，苏明哲回国参加母亲的葬礼，在切换镜头时，荧屏上赫然显现的"苏州"二字，明确定位地点，之后所有的故事便在此场域中展开。其次，城市地标的有序排列，强化城市形象与故事内容的关联度。创作者在植入城市形象时，往往会挑选具有代表性的城市地标，故事的起承转合在城市的典型环境中展开，并采用空镜头作为空间切换或地理定位。比如，在《逆流而上的你》中，炫酷的国际金融中心、科技城医院、广电的"靴子楼"等地标都随着主人公的故事依次铺展开来，在医院的场景中甚至还出现了苏州人的同款病历卡。这些镜头勾勒出主人公的生活、工作背景，虽然看似是独立的存在体，但与主人公的行为、诉求紧密结合，从中可以解读出更深层次的文化内涵。观众在其中既可以感受到诗意的苏州、古典的苏州，也可以感受到现代的苏州、繁华的苏州。剥离开特定的剧情走向和人物形象之后，我们可以去重新发现一座城市的魅力。苏州不仅仅是一座古城，更是一座现代之城，古典与现代并存，传统与新意相接，绘制出丰富多彩的城市景观。

在媒介融合时代，电视剧的传播方式不再局限于传统的单向传播，而是随着短视频等新型媒介的产生，呈现出"双向传播"或"再传播"的新形态。在《你和我的倾城时光》《都挺好》《怪你过分美丽》等电视剧热播期间，苏州的相关取景地在网络上频频"出圈"，观众纷纷到相应的景点打卡留念，这在无意识中形成了对苏州文化形象的"二次传播"。随着电视剧

"集聚效应"的产生,剧中的苏州景观迅速成为"网红打卡地",《资深少女的初恋》中的甪直古镇、《我们无处安放的青春》中的苏州大学、《推手》中的东方之门、《何以笙箫默》中的阳澄湖半岛旅游度假区,以及1983年版《红楼梦》《戏说乾隆》《风月》《上海滩》《爱情自有天意》《亲爱的,热爱的》等电视剧中的同里古镇,镜头下的景观积聚、建构了苏州的多元空间,既有小桥流水、仙桥瓦房的古典韵味,又有繁花似锦、川流不息的现代风貌。

历史上的苏州就是诗人笔下的旅游胜地。随着苏州园林、苏州刺绣等非物质文化遗产的对外传播,现在的苏州更常成为海内外旅游爱好者的打卡地。虽然苏州在国内的知名度颇高,也成为性价比较高的旅游城市,但是作为普通游客,他们仅仅对苏州的知名景点如虎丘、寒山寺、拙政园、山塘街和平江路等比较熟悉,并不熟悉苏州的日常生活场域。从这个层面上来看,电视剧《都挺好》就以日常叙事引领故事走向,故事中的主人公在苏州的大街小巷、摩天大楼里驻足,形成清晰的苏州城市轨迹。比如,在围绕苏明玉形成的叙事线索中,她的家庭关系集中发生在同德里,工作关系主要发生在工业园区的现代化大厦里,爱情关系发生在平江路上的"食荤者"餐厅,观众可以跟随苏明玉进入苏州城的各个角落,当他们沉醉于精彩的剧情时,也深入这座城市"隐秘的角落",从而在网络上形成"围观效应"。

二、叙事动力:苏城作为"意象"

城市是在人类的实践活动中形成的物质实体,正如英国社会学家贝拉·迪克斯(Bella Dicks)指出的,街道、广场、长廊、购物中心、休闲综合大楼、餐厅和咖啡屋都充满象征性设计和复原建筑,将城市的视觉环境塑造为可被识别的"环境主题"。[1]从某种程度上说,城市是城市意象的组合体,人们可以通过城市意象去感受、体验城市的精神内涵。作为综合艺术的电视剧,能够以视听一体的方式强化观众对城市意象的理解,除了对城市功能、城市风貌、城市地位等予以关注之外,电视剧作品也需要通

---

[1] 贝拉·迪克斯.被展示的文化:当代"可参观性"的生产[M].冯悦,译.北京:北京大学出版社,2012:71.

过意象组合和形象建构的方式，触及一座城市的文化传统和内在精神，使城市不再是一个简单的称谓，更成为一张有意义的文化名片，成为"人类情感的符号形式的创造"[1]。素有"东方威尼斯"之称的苏州，在漫长的历史长河中经历了2 500多年的沧桑巨变。在科学技术快速发展的当下，苏州这座古老的城池拥有哪些令人着迷的城市意象呢？

第一，苏州的水陆交通体系。苏州古城的主干河道形成了"三纵三横一环"的格局，道路依水而建，是比较独特的水陆并行"双棋盘式"城市道路结构，这成为苏州古城区道路的特色意象元素。如电视剧《谍战古山塘》取景于"姑苏第一名街"山塘街，该剧以20世纪三四十年代的苏州为背景，讲述了抗日战争初期发生的一场错综复杂、跌宕起伏的间谍战。剧中有这样一段展示苏州水系的场景：河道中行驶着各色船只，装载着茉莉花、白玉兰、柴米油盐、海棠糕等各种货品，河岸边的妇女撸起袖子洗菜洗衣，住在两岸的居民用系着绳的篮子便可购买商家的货品，俨然一幅自然化、生活化的市井画面。尽管这样的场景现在已经不复存在，却真实且诗意地向观众呈现了"水陆并行，河街相邻"的水乡风貌。

第二，具备江南水乡特点的标志物和节点。节点是城市各个元素之间的连接点，包括地铁站点、货物驳运点等实用型节点，以及城市广场、步行街等休闲型节点，它们共同组成了纵横交错的城市网络。如电视剧《亲爱的，热爱的》中，李现和杨紫这对"童颜夫妇"的约会戏，就发生在江南水乡建筑最具代表性的同里古镇。同里古镇坐落于苏州吴江区境内，拥有得天独厚的地理位置，小镇依河而建，古朴典雅，街巷逶迤，河道纵横，古桥遍地，家家临水，户户通舟，植被繁茂，湖泊环绕，平湖倒影，既有园林式的江南水乡景致，又有"东方威尼斯"的人文情怀。因此，苏州独一无二的"城里园林，城外水乡"的格局，也是苏州城市意象的精华所在。

第三，苏州古典园林和苏绣。作为世界文化遗产的苏州古典园林，素有"苏州园林甲江南"的美誉，园林中的山景、水景、楼景交相掩映，移步换景、错落有致，全方位营造人与自然和谐共生的意象生态体系，透着一种天人合一的古典美学法则。聚焦苏绣的电视剧《天堂秀》，主要讲述了

---

[1] 苏珊·朗格.情感与形式[M].刘大基,傅志强,译.北京:中国社会科学出版社,1986:51.

中、韩、新、美四国众多神秘人士探秘国宝级艺术珍品《天堂绣》的故事，该剧用悬疑、商战等元素将苏绣引入荧屏。剧中的主道具《天堂绣》是苏州苏绣工艺美术大师蔡梅英在世博会上的展品，由18位绣娘耗时5年完成，花费绣线、底料700多万元，所用蚕丝线总长超过4万余千米，可以绕地球一周。《天堂绣》绣品的加持，不仅强化了清新典雅的苏州形象，而且也提升了电视剧的传奇色彩和艺术品质。

进一步而言，在电视剧中，意象组合是植入苏州形象最为直观且有效的方式之一。所谓"意象组合"，就是将意象与意象之间相互连接，遵循特定的美学方法进行有机组合，形成一个丰富且生动的意象群，使它们产生对照、互文、映射、隐喻等作用，让观众从中感受到创作者的思想和用意。在本质上，意象组合既为作品的主题表达服务，也为电视剧的叙事艺术服务，更为创作者的情感抒发服务，它是特定美学规范下的艺术创作形式的有序化变迁。一个完美的意象组合，应该以故事建构或人物形象塑造为基础，充分调动蒙太奇、空镜头等丰富的视听语言，有序排列意象，发挥意有所指、情景相融、以小见大的美学功能。克莱夫·贝尔（Clive Bell）说："艺术品中的每一个形式，都得让它有审美的意味，而且每一个形式也都得成为一个有意味的整体的一个组成部分，因为，按照一般情况，把各个部分结合成为一个整体的价值要比各部分相加之和的价值大得多。"[1]因此，意象的组合，不仅是为了使意象的作用得到确认，而且是实现"比各部分相加之和的价值大得多"的"整体价值"的最终手段。

三、叙事视角：苏城作为"角色"

从某种程度上来看，电视剧中的叙事空间属于艺术层面上的人为再造空间，是创作者主观介入客观世界的艺术想象。当地域意象以"空间角色"形式嵌入电视剧时，创作者往往会充分考虑叙事空间的营造和建构。画面、构图、色调等每处细节都需要细致考究，以此展示电视剧的文化品质，并勾勒精气神十足的"时尚苏州"。现如今，电视剧创作越来越重视审美品格的显现，借用地域文化的独特意象，抓住城市空间的典型细节，注

---

[1] 克莱夫·贝尔.艺术[M].周金环,马钟元,译.北京:中国文联出版公司,1984:155-156.

入作品的叙事空间之中，使地域文化的独有内涵如盐溶于水般进入作品，从而铸就具有地域精神风貌的电视剧精品，提升作品的艺术感染力。姑苏城，作为电视剧的重要"角色"，是展示苏州文化、承载苏州精神的重要实体。苏式家具、苏派盆景、苏州评弹等苏州空间"角色"的建构，对于电视剧书写"时尚苏州"具有重要意义。

第一，苏式家具。苏式家具是电视剧中较为常见的空间意象，格调大方、造型优美、线条流畅、比例适度、精于用材，能生动展现苏州文化的清雅温婉之风。中国家具发展历史源远流长，历代工匠以精美绝伦的手法，制作出了造型精美的家具。明清以来，以北京、广州、苏州制造的家具最有名，传统家具行业形成了京作、广作、苏作三大流派。苏式家具，也称为"苏作家具"，主要是指在以苏州为中心的长江中下游地区生产的中式家具，历史悠久、传统深厚。比如，《红楼梦》中的贾府宅邸，会客厅中间放置了许多套桌椅，背后还有板壁，这些桌椅纤细而又精致，呈现"尚古朴不尚雕镂"的特点。《都挺好》中苏大强新居采用的家具风格，也是明代风格的苏式家具，柜子、架格、花几、书桌的整体风格简约而又硬朗、和谐而又大方，简约的造型奠定了苏式家具朴素的基调风格。简约的设计与纤细的形态，不仅强化了苏大强的任性和苏家子女的孝顺，推动了故事情节的发展，而且也使电视剧作品具备带有地域文化的审美品格。此外，在《甄嬛传》《雍正王朝》等历史题材的电视剧中，御书房中的那张龙椅也具有明显的苏式家具的特点。中国古代文化讲求天人合一、人与自然和谐相处，讲求风水、四季养生，所以对居所、家具更是要求颇高，而具有完美的人体尺度的苏式家具可以说是最朴素的人体工程学范例。

第二，苏派盆景。苏派盆景是电视剧中又一大苏州"角色"，造型优美、技艺高超、取材广泛、以简取胜，意境深邃而又生动优美、含蓄深刻，尽显苏州最原始的自然美。盆景被称为"无声的诗，立体的画"，作为中国盆景的主要流派之一，苏派盆景是中华民族优秀的传统艺术。苏州地处江南，山清水秀，树木葱茏，四季景色宜人，各种名木古树随处可见。经过长时间的积累发展，逐渐形成了苏派盆景。比如，《梦华录》中赵盼儿从钱塘到东京，轻舟小楫、轻罗小扇、焚香点茶，浓郁的生活气息与市井风情，勾勒出一幅千年前宋人生活的画卷，仿佛一幅活色生香的《清明上河图》。剧中凡是在有茶几或在室内的戏份中，就有苏派盆景在侧。盆景是宋人读书、独处、品茶、听琴、宴客等多种场合下的"最佳搭档",在家中摆放充满古韵的盆景以点缀生活,也成为上至王公贵族下至平民百姓必不可少的生活情趣。同时,苏派盆景也赋予了《都挺好》独特的生机,在石天冬的餐馆内、蒙总的办公桌上、苏大强的家里等,一盆盆苏派盆景典雅质朴、精细入微,富有艺术情趣,彰显着原始而纯真的自然美。叙事场景中的种种细节精益求精,令观众身临其境,感受着苏州的人文艺术之美。苏派盆景彰显着"非遗"匠心,书写下高颜值、高品质、高水平的江南文化篇章,它以浸润高质量绿色美好生活来重塑苏州文化在"江南文化"中的核心地位。电视剧中的一盆一景,无不展示着苏州这座古城积淀了千百年的风貌,弘扬了博大精深的中华文化,唤起了观众对苏州的关注,向全国展现了苏州作为历史文化名城的无限风光。

第三,苏州评弹。除了苏式家具、苏派盆景之外,苏州评弹也是重要的空间形象,成为电视剧叙事艺术中不可或缺的"角色"。苏州评弹是极富江南水乡特色的曲艺,是我国优秀传统艺术的瑰宝,被誉为"江南曲艺之花"。苏州评弹以"说、噱、弹、唱"构成独特的综合艺术,音乐、文学与说表三者互相烘托、融合,形成独特的艺术魅力。比如,电视剧《红色》中出镜的弹词唱段,都是最具代表性的经典名段。弹词的美学风格带有强烈的阴柔特质和市民气质,这不仅和整部剧男女主人公内敛、含蓄、细腻、温暖的个性和感情形象高度契合,也与弹词声中发生的或滑稽或紧张的情节鲜明映衬。第二集中,徐天为了掩盖自己策划实施的十六铺码头系列枪击爆炸案,请求一向对自己频送秋波的弄堂少妇小翠帮助圆谎,对外表示两人一起去天兴书院听评弹,并且履行承诺,真的带她来到了天兴书院,此时台上双档弹唱的是蒋调名段《玉蜻蜓·庵堂认母》;第十三集中,天兴书院第二次出现,徐天为田丹买了新床后,二人相约一同去听评弹,还自然地带出了"七八年了,你一直都是一个人去听,真的没有交过女朋友啊?"的问话,结合"电车试探"一段,巧妙推进了二人的感情,此时台上演唱的是蒋月泉、刘天韵版本的陈调《林冲·踏雪》。《都挺好》中出现的苏州评弹则与剧情紧密结合,起到画龙点睛的作用。剧中,苏明玉与石天冬互生情愫,二人邂逅场面"特配"苏州评弹《白蛇·赏中秋》"七里山塘景物新,秋高气爽净无尘。今日里是欣逢佳节同游赏,半日偷闲酒一樽……",诉说着白娘子与许仙之间矢志不渝的爱情,以及对有情人终成眷属的美好期待，寓情于曲，情曲交融；苏明玉为挽回过失，以酒向洪氏集团洪总谢罪，此时所配的评弹曲目是《三国演义·战长沙》"关公善用拖刀计，老将追、急急奔。不料马失前蹄他翻下身……"，暗示金领女强人也有马失前蹄的时候；剧末，苏大强被阿尔茨海默病缠身，深感时日不多，立即召集子女立遗嘱，安排余下的晚年生活，这个场景所配的评弹曲目为《枫桥夜泊》"月落乌啼霜满天，江枫渔火对愁眠……"，渲染了苏大强病后悲伤忧愁的气氛。

第三节　电视剧建构城市形象的媒介反思

一、警惕城市形象的误读

随着越来越多的电视剧在苏州取景，苏州市政府看到了大众文化对重塑城市形象的重要性，只有塑造出完美且厚重的苏州形象，才能更好地实现国际传播。影视剧的创作过程实际上也是一个不断筛选的过程，创作者需要精心选择最贴切的画面予以剪辑、搭配、排列，从而最大可能地提高作品的艺术水准。譬如，当故事刚开始时，往往会使用航拍的空镜头来确定故事发生的地理位置及其他背景信息，这种镜头纵深感较强、写意程度较高、共鸣效果较佳，能够很好地展示城市的整体形象和基本风貌。在《亲爱的，热爱的》《都挺好》《天堂秀》等电视剧作品中，镜头一扫而过的苏州无一例外的都是亭台楼阁、小桥流水，透露的是苏州人轻松惬意、无忧无虑的生存状态，这无疑提升并美化了苏州的城市形象。在大众媒介的塑造与传播过程中，人们对苏州城市形象的认知往往都是美轮美奂的私家园林、雕梁画栋的亭台楼阁、隽永绵延的小桥流水、温暖酥麻的吴侬软语，给人以"茉莉花"般清新的味道。苏州城市形象的"完美化"形塑，不得不归功于电视剧的巧妙植入和视觉传播，但是在未来的苏州形象的建构中，仍然需要警惕城市形象的误读问题。

首先，苏州形象建构的"定位限制"问题。城市形象的定位主要是指从城市可持续发展的角度出发，在系统整合城市资源优势的前提下，充分考虑城市发展的历史问题和未来路径，对城市形象建设的宗旨和目标予以定位。作为拥有2 500多年历史的古城，苏州的定位一直都是"历史文化名城"，这是无可争议的。因此，电视剧中所塑造的苏州形象，基本侧重于苏州的古色古香，比如，以抗日战争为背景拍摄的《谍战古山塘》，聚焦苏州的古街、古巷、古村、古镇、古塔、古桥和古建筑，并在故事的推进中展示园林、评弹、书画、刺绣等具有古典韵味的"苏州元素"。然而，我们应该看到，"古典"只是苏州形象的一维，苏州也有"现代"的一面。"作为一个经济发达、现代文明的开放型城市，今日苏州已演变成'老苏州''新苏州'和'洋苏州'的共同家园。"[1]创作者不能简单地只呈现"老苏州"的部分，而忽略其现代性、科技感及"新苏州""洋苏州"的特性。电视剧创作如果一直建立在这样的单向思维上，那么必然会让观众产生思维定式，产生审美疲劳，也不利于电视作品本身艺术性和审美性的提高。同时，电视剧又是一种与现实具备对照性和互文性的艺术种类，如果一味地关注苏州的古典形象，有可能影响城市规划者的目标航向，进而导致为了大力开发城市优秀传统文化，而忽略苏州经济文化和现代意识的宣传。

其次，苏州形象建构的"内在失衡"问题。与文学作品一样，电视剧创作也是基于"艺术生产"的基本规律完成的，遵循从传播者到接受者的传播规律。在这个过程中，观众对于一座城市的了解，不仅仅来自视听感官所塑造的城市形象，更来自影像背后所提供的想象空间和隐含意义。从某种程度上来说，观众的想象是构成一座城市内在品质的基本要素，这也使得城市的形象更加丰满。苏州是一座拥有众多自然人文景观的名城，但是某些取景于苏州的电视剧仅仅停留在对苏州外在景观的"白描"上，并未对苏州的内在精神予以全方位的"扫描"，从而造成城市形象塑造"内在失衡"的问题。比如，电视剧《没有秘密的你》主要讲述了因一场车祸而产生交集的林星然与江夏十年后再次重逢，拥有"读心术"的高能少年和"废柴女律师"上演的一场爱和守护的动人故事。该剧刚开拍时，就有网友发现东方之门、同里、月亮湾、月光码头等苏州元素频频"客串"，随着剧作开播，川流不息的街景、高楼林立的都市夜景反复出现，充分显示了苏州的现代与繁华。《没有秘密的你》改编自韩剧《听见你的声音》，表面上是关于职场和社会热点问题的律政剧，实际上却是一部"悬浮注水"的甜宠剧。由于制作团队仅仅追求"姐弟恋"的甜宠设定，并没有反映出苏州这座城市的特性，因此，对于故事本身来说，在苏州或者其他地方取景原则上毫无差异，观众也很难在剧集中感受苏州"创新、开放、包容"的

---

[1] 陶瑾.姑苏家事:寻根热后的苏州之家[J].现代苏州,2012(19):24-29.

内在精神。

最后，苏州形象建构的"千城一面"问题。自改革开放以来，中国的城市化进入快速发展的阶段，同质化的城市建设实践让众多城市陷入"千城一面"的窠臼。通常情况下，每座城市在千百年的历史发展和个体实践中会具备独一无二的特性，以此将城市与城市之间清晰地区隔开来，但是这种"区隔"正在瓦解，苏州也不可避免地出现"千城一面"的倾向。如平江路是一条傍河的小路，北接拙政园，南眺双塔，全长1 606米，是苏州的一条历史悠久的经典水巷河道。现今，河道两侧已成街市，特色并不鲜明，各式商家入驻显现出较强的商业化倾向，在整体上与南京夫子庙、杭州乌镇等地的区分度并不高，作为江南水乡独有的特色逐渐淡化。从这个层面来看，我们更需要电视剧用影像的方式来强化苏州形象的独特性。比如，根据野史改编的电视剧《戏说乾隆》《乾隆下江南》让木渎古镇声名大噪，乾隆皇帝也成为这里重要的文化意象；电视剧《月里青山淡如画》为了还原那些如梦似幻的文物故事，在苏州多个地方取景，苏州园林里面的亭台雕榭、一草一木都体现出了中式艺术的自然逸趣，与文物题材电视剧的整体气质不谋而合。当然，除了凭借大众媒介改善苏州形象之外，我们也必须认识到当前苏州古镇类旅游景区的核心问题是"商业化倾向"。因此，在城市建设中，有必要平衡商业性和文化性之间的关系，唯有如此，"千城一面"的现象才有可能得到改善。

总而言之，立足苏州的文化传统，重塑别具一格的苏州文化形象，是苏州城市建设的关键环节。基于电视剧的植入式传播向观众展现苏州"颜值"、传达苏州精神，是大众文化和城市文化相融的重要实践。正如曾一果所说："镜头里那些所谓有特色的苏州'地方景观'并不纯粹，它们染上了跨文化和多地域的特征，并且不得不接受全球资本运作和消费逻辑的支配。"[1]因此，电视剧的形象建构与城市的文化建设是相互促进的，在电视剧中塑造独具特色的苏州形象仍处于探索阶段，任重而道远。

---

[1] 曾一果.从"怀旧"到"后怀旧"：关于苏州城市形象片的文化研究[J].江苏社会科学,2017(4)：170-177.

二、谨防消费主义的入侵

新时期以来，中国电视剧在构建城市形象方面承担了重要的媒介功能。《芝麻胡同》《情满四合院》《正阳门下》中充满市井风情和喜怒哀乐的"北京形象"，《欢乐颂》《心居》《大浦东》中满是摩登生活和精致主义的"上海形象"，《闯关东》《刘老根》《乡村爱情》中具有乡土喜感特色的"东北形象"，这些电视剧作品无不丰富着荧屏上的中国城市形象。而随着城市化步伐的加快，荧屏中被"物化"的视觉形象日益增多，摩天大楼、高档商场、别墅区、城市广场、中央公园、城市轨道交通、休闲娱乐场所等物质空间，成为电视剧构建现代繁华城市形象的基本元素。尤其是像《三十而已》《我在他乡挺好的》《我的前半生》《北京女子图鉴》《资深少女的初恋》等都市题材电视剧，往往通过酒吧、迪厅、大饭店、高尔夫球场等空间符号来构建现代化的城市形象。

长此以往，观众在荧幕上看到的城市形象大同小异，或者可以说毫无差异，彰显城市特色的元素日益减少，被消费主义裹挟的部分逐渐凸显。正如让·鲍德里亚所言："今天，在我们的周围，存在着一种由不断增长的物、服务和物质财富所构成的惊人的消费和丰盛现象。它构成了人类自然环境中的一种根本变化。恰当地说，富裕的人们不再像过去那样受到人的包围，而是受到物的包围。"[1]虽然相较于北京、上海等大型都市，苏州还并未有那么深的消费文化烙印，但是从某种程度上来说，电视剧《都挺好》呈现出了明显的消费文化倾向。剧中的苏明玉是一个比较典型的消费文化符号，是当代社会金钱的外化。围绕苏明玉有两条叙事线索：一条线索是家庭纠纷，另一条线索是商业斗争。"家庭线"涉及啃老、遗产继承、房产权、养老、移民等社会热点议题，这些问题的解决很大一部分都是依靠苏明玉，或者说是依靠苏明玉的"金钱"，比如，苏明玉帮忙给苏大强买房子、帮助苏明哲找工作、帮助大嫂安顿在国内的生活等，"这钱我来出"是苏明玉的经典台词，苏明成也经常形容苏明玉"你不就是有几个臭钱吗"。苏家的家庭问题基本都是通过苏明玉的"钱"来解决的，甚至有网友

---

[1] 鲍德里亚.消费社会[M].刘成富,全志钢,译.南京:南京大学出版社,2014:1.

戏谑:"《都挺好》中如果没有苏明玉,那就得改名叫《都得'死'》。"与此相呼应的是苏明玉的"事业线",苏明玉一路从学生摸爬滚打成为销售总监,在商战中运筹帷幄,让我们看到了一位职场女性的成长蜕变史。她住着别墅,开着豪车,在上流社会拥有一席之地,她最大的欲望对象就是"赚钱",正是在此追求的激励下,她一步步成为资本市场中的不可替代者。因此,剧中的苏明玉变成一个符号化的个体形象,金钱在解决家庭问题时占据了主要地位,成为支撑剧情向前发展的有力工具,泛消费主义的剧情设置在潜意识中诱导观众倾向于以金钱为主的个人成功史。

当代中国电视剧在反映城市形象和城市文化精神时,必然无法超越商品意识和物化现实来观照城市,"城市作为'膜拜商品的圣地'(本雅明)必然会成为消费主义的天堂"[1]。换言之,有时候人们在消费文化的侵蚀下可能是不自知的。《都挺好》中有这么一场戏:朱丽和苏明成闹矛盾回娘家住,苏明成为了哄朱丽而买了一条项链给她。朱丽还录了一段小视频,大概内容是"这条项链呢,是苏明成犯错误以后,他的态度不坚定,给我的一个精神上面小补偿的礼物。如果下一场他再犯错误,我就在我的购物车里面,放一个21克拉的大钻戒,让他破财"。在剧中,朱丽所呈现的一直是善解人意、不愿占公婆便宜的好媳妇形象,她也很讨厌苏明成"啃老",并愿意一起还清苏明成欠家里的债务,但是她完全没有意识到,苏明成买给她的名牌包和衣服花的是家里的钱。人们在消费主义和外在欲望的刺激下,往往会忽略事物的本质或内在精神。朱丽无意识地忽略了苏明成的消费观和价值观,忽略了"钱"的来源,而沉浸在自己喜爱的"项链"中,沉浸在消费文化带给她的快感之中。同样地,创作者也会不自觉地受到消费文化的影响。例如,在《我的前半生》中,有一段罗子君前往苏州调研的场景,既然是特地强调到苏州调研,那势必就会呈现苏州的城市文化,或者调研项目和苏州有紧密的关联,或者人物在苏州发生了某些特定的事件,但是从剧情设计上看,罗子君的调研是为她与贺涵的感情升温服务的,苏州这座城市仅仅成了消费对象,更确切地说,成熟多金的男主和重回职场的女主之间的爱情故事成了消费对象,以此吸引观众的目光。

总之,消费主义正在导致大众审美观念的快速变化,"欲望化""审美

[1] 李艳丰.20世纪90年代以来城市文学叙事的文化批评[J].广州大学学报(社会科学版),2012(2):85-91.

快感化"以或隐秘或直白的方式"缝合"于影视艺术作品中。因此，我们必须谨防消费主义对电视剧的过度入侵，尤其是那些重在挖掘城市文化、塑造城市特色的艺术作品中，"无限膨胀的消费力量容易向大众传递错误的价值观，会引发冲动消费、滋生享乐主义思想，这一现象应该引起电视剧创作者的重视。"[1]当代电视剧必须深入传统、延续文脉，不能简单地把城市形象塑造成毫无内涵的建筑物的无序堆砌，否则城市便会丧失记忆和灵魂。只有提升作品的价值内涵和思想意义，重塑顺应时代发展潮流的城市形象，才能真正发挥影视作品的现实能动功能。

三、注重丰富素材的挖掘

在诗人的笔下，苏州是一个多愁善感、精致风流的古城，同德里的白墙黛瓦、雕花券门讲述着名人雅士、商贾贵胄叱咤风云后的云淡风轻；平江河上荡漾的水波氤氲着才子佳人灵魂里亘古不变的浪漫，波光潋滟中，人们只愿沉醉其中，再不求归处。文脉悠长、底蕴深厚的姑苏气韵吸引越来越多的电视剧来此取景、取材。苏州深厚的文化底蕴，为影视创作带来了丰富的素材，同时，影视创作也将璀璨的江南文化传播出去，让更多年轻人深入了解。因此，注重对苏州文化中丰富素材的艺术挖掘，是电视剧构建"时尚苏州"的重要策略。

《月里青山淡如画》取材"苏裱技艺"，讲述了精于苏裱的修复"神手"秦致远与"四色视觉者"秋媛，在寻找和修复古书画的过程中，领悟到工匠精神的真谛，共同担负起传承中华优秀传统文化重任的故事。该剧聚焦"江南文化"，串联起苏裱、桃花坞木版年画、评弹等多项苏州非物质文化遗产，以男女主角的师徒情、爱情为主要内容，穿插古书画修复、版画制作等情节。电视剧中既有南派文物修复的知识，也有青年男女在共同追求事业中的有趣情缘。"月里青山淡如画，露中黄叶飒然秋"，出自唐代诗人吴融的《秋夕楼居》，选择以首句作为该剧的名字，主要是因为"月里青山"对应了文物修复中的"望山"，有着"看山是山，看山不是山，看山还是山"的三重境界。作为国内首部聚焦包括"苏裱技艺"在内的南派文

---

[1] 高雯.消费主义视角下国产职场剧女强人形象解读[J].传媒论坛,2021(1):128-129.

物修复手法的剧作，该剧以轻松搞笑的气质中和题材硬度，追溯古物古韵，穿插融入苏州特色美食及古物修复行业现状，带领观众领略传统文化的深厚底蕴和江南水乡的清雅景致。

《正好遇见你》聚焦苏州博物馆文物，讲述了编导鱼在藻加入顾时雍打造的一档大型文化类节目《传承》，带领观众感受了一场"非遗"文化之旅。在剧中，我们可以看到一个古朴与现代相结合，兼具历史底蕴与开放视野的美好苏州。该剧以苏州为背景，以苏州博物馆为取景地，以综艺节目的职场生活为主线展开，串联起多个单元故事。观众在故事里面不仅看到了主角在职场中的蜕变，也了解了包括花丝镶嵌、玉雕、陶器等"非遗"技艺。《正好遇见你》以"戏中戏"为叙事框架讲述"非遗"技艺和古代文物，实现了戏剧、综艺和纪录片三者的有机融合。同时，通过展现历史传承中"人"的主体作用，来串联单元剧的故事，引出主题，观众在惊叹中华优秀传统文化的博大精深时，能关注到细小个体在历史长河和文化传承中的纽带作用。而且在单元剧结尾处，还有十余位专家出镜解说，包括国家级非物质文化遗产代表性传承人、高级技师、工艺美术大师、高校学者等，在确保作品的严谨性和专业性时，还通过"守"艺人的真实采访将影视剧予以整体升华。

古装剧《当家主母》立足苏州缂丝，讲述了苏州府拥有世传缂丝技艺的任家家主任雪堂不理家族生意，其夫人沈翠喜才是任家真正的当家主母的故事。在任家遭遇危机之际，沈翠喜等3位女性肩负着挽救家族的重任，历经坎坷保存家族技艺，最终为家族洗刷冤屈。一寸缂丝一寸金，从清代双面缂丝佳品《万年如意图》到尽显其晶莹剔透、冰姿雪清之雅韵的《杏花图》，剧中均做了精彩呈现。在这部剧中，蒋勤勤饰演苏州府拥有缂丝秘技的任家家主夫人沈翠喜，她凭技艺安身立命，化解任家的重重危机。她更以缂丝譬喻人生与情感："心乱的时候就来缂丝，通经断纬，挑花结本，方能正反如一。"剧情并不完全复刻历史，却融入多幅缂丝书画案例，还涉及宋锦制作。比如，剧中设定沈翠喜复原南宋马远十二《水图》真迹时装裱用的异色双面缂，"两面异色分明，所缂图案绚丽多彩，典雅精致"。其实，缂丝佳品中确实有众多异色双面缂的创新之作，如王金山创作的三异作品《牡丹-山茶-双蝶》、全异作品《寿星图》，就把缂丝工艺引入新高度。

"非遗"是一座城市的精神文脉，也是民族文化的"基因密码"，更是一方水土人文风情的文化注脚，它们历经时间辗转，记录着时代的变迁。作为综合艺术的电视剧作品，能在视觉和听觉上再现"苏州非遗"的制作工艺和文化内蕴。影像记录"苏州非遗"，更凸显"苏州韵味"。当代电视剧中的"苏州非遗"元素并不少见，《延禧攻略》中的"缂丝宫扇"、《锦心似玉》中的"苏绣"、《决战江南》中的"虎丘塔"等，它们共同勾勒着这块风雅胜地的繁华、厚重与不朽，也理所应当地成为电视剧可以挖掘的丰富素材。

第三章 符号式传播：纪录影像中的「诗意苏州」

第一节　纪录片中"诗意苏州"的空间建构

当前，中国纪录片理论与创作已经发展到了一个相对成熟的阶段，纪录片与城市人文景观的"联姻"组合成了一种"人文纪录片"的纪录片类型。在大众媒介不断成为"人的延伸"（麦克卢汉）的同时，对于空间景观、地域形象的媒介传播也不再局限于纸质媒介。纪录片作为一种对真实性诉求相对较高的传播媒介，对城市形象的建构与传播大有裨益。在这样的媒介前提下，《苏园六纪》（1999年）、《苏州水》（2001年）、《昆曲六百年》（2007年）、《回望勾吴》（2011年）、《走遍中国 话说虎丘》（2011年）、《手艺苏州》（2016年）和《苏州史纪》（2017年）等"以苏州历史文化艺术为主要题材拍摄的纪录片，使古城苏州形象得到了很好的现代传播"[1]，同时也给以苏州为代表的江南文化的传播提供了更为直观的视觉意义。通过探讨纪录片中城市空间的文化意义的生成，我们可以更好地借助纪录片来重构地域形象。苏州是文人雅士的诗意栖居地，是中国传统文化的储藏所，是中国隐士文化的见证者，是现代工业文明的聚集地，是众多平民小人物的安居城，通过研究纪录片中的苏州形象可以更好地了解江南文化。本节从城市空间、城市元素和城市人物等三个角度来阐释苏州的文化形象及它在纪录片中的建构方式，并在一定程度上论及纪录片的创作思路及其未来发展，以期对包括苏州在内的江南城市文化的媒介传播提供些许参考。

一、城市空间：文人雅士的话语实践

城市，是历史实践和空间实践共同作用的产物，是多元文化的符号性

---

[1] 倪祥保.创新·拓展·精巧：苏州影像的流光溢彩：评《苏州影像志》《苏州史记》[J].中国电视，2018（2）：83-86.

能指和写意性表征。中国人向来对自然景观、城市景观和空间景观等视觉形象有着天然的艺术敏锐度和澎湃情绪，以通过对静默不语的"造物者的光荣"的话语表述来阐发其特定的艺术旨趣和情感体验。因此，城市空间在艺术领域中得到了充分阐释和无限想象。

城市空间本来只是自然范畴内人类生产和生活的栖息地，而艺术家的重新表述让其具备更丰富的文化意义。"想象城市实际上包含了意识对现实城市的一种重新叙述、把握和建构，'想象'城市的过程始终伴随着建构过程。"[1]纪录片中，苏州的城市想象不仅源自其精巧别致、典雅秀美的特色景观，更来自文人雅士、迁客骚人的泼墨挥毫，从而形成了文人雅士与景观城市之间的话语实践。《昆曲六百年》以情景再现的方式重构了"曲圣"魏良辅到访苏州的故事，他在太仓南码头受到云适、张野塘等人的启示，融合江南小调和江西的弋阳腔，由此创立了"昆曲"。刘郎的"江南三部曲"之一《江南》在展示苏州古城时，讲述了以陆文夫为代表的一代苏州人为苏州"立传"的故事，通过这些"陆苏州"（文学界对陆文夫的雅称）与苏州城的关系凸显苏州"天堂"的文化属性。可以说，历朝历代的文人雅士都曾在苏州这块宝地上留下印记，共同建构起苏州的江南文化形象，他们不仅融入苏州、成为苏州形象的"发言人"，而且表述苏州、成为苏州文化的传播者。文人雅士、文学作品与苏州唇齿相依，正如《狮子林》的解说词中所说的那样："从本质意义上来说，能将禅宗的隐遁和文人的隐逸融为一体，并可以让人去追溯崇尚自然、追溯天人合一的思想源头，正是狮子林的文化价值的所在，有了这种认识，人们将会更加珍视那些优秀的文化遗产，也将会更加珍视这片底蕴深厚的城市山林。"不可否认，"以苏州为代表的江南怀旧诗学的媒介建构，确实经常是与文人及其生活（物质的和精神的）联系在一起，特别是园林这样的空间更是成为文人聚居游乐、表达才艺的最诗意空间，是他们远离政治纷扰、只谈风月人生的'理想空间'"[2]。文人雅士的介入让苏州形象变得更加诗意、富有底蕴。

[1] 曾一果.想象城市:改革开放30年来大众媒介的"城市叙事"[M].北京:中国书籍出版社，2011:1.
[2] 曾一果,王莉."怀旧"的城市诗学:关于"苏州形象"的影像建构[J].江苏社会科学,2014(4):194-202.

尽管文人雅士的影像叙事让苏州在整体上成为一张文化名片,但是纪录片对"现实的创造性处理"(格里尔逊)为观众呈现了多元丰富的苏州形象。《苏园六纪》中的苏州像一位儒雅的学者,尽显亭台楼阁、厅堂廊榭;《回望勾吴》中的苏州像一位深邃的文化学者,古城遗址隽永厚重;《苏州水》中的苏州像一位温婉的邻家女孩,船从家中过,人家尽枕河;《苏州史纪》中的苏州则像一位历经沧桑的史学家,讲述着文明曙光、天国遗梦……总而言之,创作者在纪录片中所呈现出的多元地域想象从不同层面丰富了苏州形象。

二、城市元素:三重意义的江南景观

法国哲学家米歇尔·福柯(Michel Foucault)认为:"目前这个时代也许基本上将是属于空间的年代。我们置身于一个共时性的年代,我们身在一个并置的年代,一个远与近的年代,一个相聚与分散的年代。我相信,我们正处在这样一个时刻:我们对世界的经验,比较不像是一条透过时间而发展出来的长直线,而比较像是纠结连接各点与交叉线的空间网络。"[1]城市符号构成了城市空间的整体印象,它们相互勾连、犬牙交错、组合排列,共同建构起具有文化意义和美学范式的空间场域。

纪录片对苏州形象的建构同样是凭借诸多独具江南文化特质的空间符号来完成的。《苏园六纪》第一集《吴门烟水》中,斑驳的树影、潺潺的流水与镂空的窗台成为"镜头的精灵",尽显苏州城的文化魅力与历史厚度;《苏州水》第二集《吴中底蕴》中的仙桥瓦房和千年古井,揭示了苏州水是苏州城得以产生并发展的不竭源泉,强调了苏州文化的源远流长与绵延不绝;《昆曲六百年》中的弦琶琮琤和曼妙声腔,记录了苏州留给世界的非物质文化遗产,展示了苏州文化对其他地域文化乃至世界文化的深远影响。显然,纪录片通过声画结合和镜头组合等符号建构的方式从不同侧面展示了苏州这座古城天然具备的江南文化特性,同时也在一定程度上揭橥了江南文化的产生、发展及演变形态。

除了通过不同符号的相互组接来建构苏州的江南底蕴之外,纪录片还

---

[1] 转引自张颐武.全球化与中国电影的转型[M].北京:中国人民大学出版社,2006:57.

通过对同一城市符号的不同阐述来展示苏州形象的多面性。以最具代表性的"苏州园林"为例,《昆曲六百年》把苏州园林理解为"昆曲最初成长的摇篮",苏州人这样说:"园林是可以看的昆曲,而昆曲是可以听的园林。"[1]纪录片紧密结合苏州的园艺与曲艺,彰显苏州人对文化艺术的崇尚和迷恋。《苏园六纪》则对苏州园林的起源、历史和发展予以整体观照,以那些为朝廷效命的文官为切入点讲述故事,他们书写公文、直言纳谏,有些成为朝廷命官,有些远离庙堂、颠沛流离。最终,一部分人定居苏州,建一处绿水环绕、庭院错落、鸟语花香的"苏式庭院",颐养天年,书写"大隐隐于市,中隐隐于野,小隐隐于朝"(《苏园六纪》解说词)的出世情怀。《苏州水》在《水影花光》一集中将"水"和"园林"交汇演绎,在向观众展示"清澈、灵动、精致"的苏州水和"瘦、漏、透、皱"的池中石时,亦对观众进行着现代化过程中加强生态文明建设的呼唤。可以发现,纪录片对苏州园林在苏州历史语境中的差异建构,实际上展示了苏州园林在苏州文化传承与发展过程中的历史地位:"崇文"传统的流传之地、隐士文化的源流之所、现代文化的交汇之域。从这个意义上来说,对于纪录片中的"苏州形象",创作者主要建构了三重城市想象:中国传统文化的储藏所、中国隐士文化的见证地、现代工业文明的聚集地。

然而,纪录片对苏州城市形象的符号建构在一定意义上隐含着江南文化的发展问题。在影像的意义缝合之间,一个现实问题昭然若揭:中国传统文明与现代工业文明的矛盾。这一矛盾集中表现为现代工业文明的"机械复制"与江南传统手工业(刺绣、园艺设计、陶瓷制作等)之间的不可调和,在"被钱币化"的商业逻辑和"功利化"的交换规则之中,极具商业价值的现代工艺产品被摆上货架,相反地,不可复制的江南手工艺产品则无人问津。显然,众多关于苏州的纪录片在展现苏州的园林、绣品等时,实际上也在思考它们与现代商业产品之间的关系,以及江南传统农耕文明与现代商业文明之间的关系。

三、城市人物:聚焦另一种艺术视角

20世纪80年代,纪录片开始把视角聚焦于长江、运河和丝绸之路等人

---

[1] 倪祥保.古典现代 美美与共:电视纪录片《昆曲六百年》观后[J].中国电视,2007(7):8-10.

文地理景观,展现中国文化,以满足观众内心潜在的"寻根"诉求。《丝绸之路》的播出,让观众真实感受到中华民族5 000年璀璨的优秀文化,并成功地把"人文纪录片"这个词带进观众的视野。在此之前20年的纪录片创作中,大多是以格里尔逊(John Grierson)的"社会教化"为指导思想的,从《丝绸之路》开始,我国的纪录片开始关注历史文化。在这之后,另一部大型纪录片《话说长江》又横空出世,它是中国首部独立拍摄并制作的大型电视纪录片,以翔实的内容、新颖的形式,第一次勾勒出了长江这条"中华民族母亲河"的全部风貌,在当时引起了万人空巷的收视效应。

如今,纪录片的创作已经到了一个比较成熟的阶段,《舌尖上的中国》(2012年)、《丝路:重新开始的旅程》(2013年)和《瓷路》(2014年)等一大批精品逐年涌现,不管这些作品是用"诗性模式"还是"纪实模式"去记录中国的人文景观的,有一点是可以肯定的,即它们都将镜头对准平凡的小人物,以人带史,以人的视角来表现特定区域的自然文化景观。《苏园六纪》之《蕉窗听雨》一集中,在讲述荷花和苏州的关系时,谈及了苏州有名的老先生卢彬士的故事,说他种植莲花必须要用精致的古碗,极其考究。《苏园六纪》之《风叩门环》一集里是这样形容苏州的市民百姓的:"篮子里,是新鲜的菜;杯子里,是嫩嫩的茶;笼子里,是活泼的情趣;院子里,是恬淡的闲花。"《苏园六纪》之《吴门烟水》一集讲述了苏州造园师朱勔为"风流皇帝"宋徽宗赵佶建造皇家园林"艮岳"的故事,展示了苏州造园师们巧夺天工的精湛技艺。难怪仲呈祥对刘郎及其《苏州水》做出了这样的高度评价:"我佩服刘郎的文化眼光。有创作激情而无文化眼光,《苏州水》可能四溢横流,无所指向;有创作激情更有文化眼光,《苏州水》才会流出'文化与人'的题旨,才会自然而然地流淌出幽深的人生诗情。"[1]但是,由于受到纪录模式和技术水平的限制,这一时期的纪录片大多是以解说的方式将小人物的故事和画面结合起来的。

其实,纪录片的形象建构已经彻底突破"画面+解说"的传统模式,而更加注重人物的故事性。"从瞬间到永恒,从方寸到寰宇,每一个人物的生命故事都提供了百科全书般丰富的可能性。大师的标志就是能够从中只挑

---

[1] 仲呈祥.生气灌注 诗意盎然:5集电视文化片《苏州水》感言[J].中国电视,2002(11):26-27.

选出几个瞬间,却借此给我们展示其一生。"[1]纪录片《舌尖上的中国 第二季》即讲述了很多小人物的故事,并且大多都具有深厚的文化底蕴与哲理精神。创作者通过美食来写小人物的故事,通过美食符号来反映人类的生存状态,创作者并未指明哪种生存状态是最好的,而是把这些现状记录下来,让观众自己思考。采蜂人老谭夫妇冒着生命危险经营着自己的生活,那个陪女儿在上海学小提琴的妈妈违背了传统的伦理秩序,古老的职业割麦人在"最后的阵地"上用镰刀维持着自己的生计。纪录片的这种表达方式肯定了个体尊严与价值,尊重个体的差异性,用一种平等的后现代精神调和具有等级观念的现实生活。毕竟在现实中,我们追求的都是现代理念,一味地追求塔尖的生活,令人遗憾的是必然会有人失败。而纪录片中的"守候""平等""反哺"等主题恰恰能够缓解后现代人们生活的焦虑,让观众反思到底哪种生活才更适合自己。所以,《舌尖上的中国 第二季》以城市小人物的叙述视角至少阐释了三种理性精神:第一,工具理性,通过对食物的科学解释来重建传统地方美食的自信;第二,道德理性,在人物的矛盾冲突中来进行道德的自觉审视,如陪读的妈妈必须离开亲人,她不能承担更多的作为一个传统女性的责任;第三,艺术理性,所有的影像叙事都非常中庸,对现实表现出高度认同,即使被命运抛弃,也没有怨言(父亲把女儿叫回家乡插秧,女儿毫无怨言),展示出一种哀而不伤的美感。

可以说,纪录片在展示这些小人物及他们与城市人文景观之间的故事时,恰恰也在另一个层面上对观众进行意识形态的询唤:我们所能从城市景观中获得的美,全都源自我们是否用美丽的心灵和行为对待它。在这个层面上,纪录片便带来了另一种思考:通过小人物的故事来展示城市景观真的只是为了增加故事性吗? 其实不然,人物与环境的互动恰恰说明了另一条真理:"人并不是自然的主人,人是自然的'托管人',就如同原初意义上的农夫的'技能'并不是对土地的一种'挑衅',而是一种捐献(播种),一种接受(收获),一种年复一年的保管员的职责一样。"[2]笔者认为,这是在研究纪录片中形象建构时所需要密切关注的问题。

[1] 罗伯特·麦基.故事:材质、结构、风格和银幕剧作的原理[M].周铁东,译.北京:中国电影出版社,2001:37.
[2] 大卫·雷·格里芬. 后现代精神[M]. 王成兵,译. 北京:中央编译出版社,1997:10.

第二节　符号式传播与"诗意苏州"的视听重组

一、情感与哲理并蓄的解说

作为纪录片的一个重要的创作要素，解说词对纪录片的成功与否至关重要。准确把握纪录片的主题，定好解说的基调，巧妙运用跟、贴、让等解说技巧，精心揣摩，将声画结合，是纪录片创作者应具备的基本功。一般而言，纪录片的解说词具有解释和介绍内容、补充和丰富画面、烘托气氛和加深主题思想等作用。纪录片不只是对人文地理空间的简单罗列和记录，更重要的是捡拾起历史的碎片，重新拼贴以还原厚重的故事，所以单凭影像叙事无法达到这一审美效果。因此，通过富有诗性和灵性的解说来揭示影像蕴含的文化内涵，成为纪录片的重要叙事策略。而解说词对于"诗意苏州"的建构尤为重要，文采飞扬、富有意境的解说词可以勾勒出苏州的诗情画意，给观众以审美享受。

首先，解说词之于"诗意苏州"的建构，主要表现为"情感的代入"。带有情绪色彩的解说词，是建构"诗意苏州"并拓宽画面延展性的声音系统。纪录片中的解说词往往带有强烈的主观情感色彩，以华美的辞藻来描摹一座城市的视觉特征，以丰富的情感来探索一座城市的深厚历史，从而使城市形象、城市文化跃然荧屏。如《昆曲六百年》第一集《前世今生》开篇的解说词："希腊人有悲剧，意大利人有歌剧，俄国人有芭蕾，英国人有莎士比亚戏剧，这些雅乐往往是他们民族的骄傲与自信的源泉，我们中国人的雅乐又是什么呢？"开篇的这段解说词即提出问题，既设置了悬念吸引了读者，又将中国"雅乐"置身于一个世界艺术的背景下，突出"昆曲"作为中国"雅乐"的独特地位。在郑培凯的人物采访中，他向观众解释苏州的繁华及其背后的原因，解说词便说出了一句"上有天堂，下有苏杭"。这句通俗易懂的谚语一下子让观众明白了当时的苏州究竟有多么富庶,但这句话褒扬的显然不只是苏州的美丽景色。古往今来,苏州人的生活似乎已经超出了普通中国人的想象,如果非要找一个地方来比拟的话,那么只有"天堂"了。当画面演绎到《牡丹亭·游园》这一折时,解说员又轻柔、温雅地念出了解说词:"不到园林怎知春色如许? 良辰美景奈何天,赏心乐事谁家院!"使观众直接被解说词带入杜丽娘游园时的情景。因此,有感情且适时到位的解说词,让观众浸润于江南的氤氲气氛和吴侬软语的昆曲之中,如莲花初盛,欲说还休,婉约曼妙。此外,在具体介绍苏州和昆曲时,解说词又这样写道:"这是一个有着两千五百年历史的古城——苏州,六百多年前,昆曲就诞生在苏州的昆山地区,并因此而得名。"这类解说词无不传达出创作者对苏州和昆曲的颂扬之情。昆曲不仅成了一份表征苏城、享誉世界的非物质文化遗产,也照亮了这座古老神韵与现代容貌交相辉映的城市。

其次,解说词还是一种文化的传承与解读。解说词不仅承载着情感,而且是结构全片的"主心骨"。而人文地理的内涵重在对人文与文化的解读,那么解说词就必须要有一种文化性,阐述文化、传承文化,甚至是解读文化。例如,《吴门烟水》的解说词中有这样一段:"晋代的陶渊明作为中国文人的隐逸之宗,他所居住的环境是'结庐在人境,而无车马喧'。而苏州园林主人的住所,墙外虽没有今天这般嘈杂,但毕竟还是市井街衢。因此,除了沧浪亭那样的园林,对外部是含露相宜之外,多数的园林主人,还是用高墙把自己封闭起来。大隐隐于市,中隐隐于野,小隐隐于朝。苏州园林的主人选中的正是前者。唐宋以降,明清的富贵权要和发达了的文人名士,将先秦时代哲人们对生命本义的发现,转化为享受生命的实践,并做到了生活地域、生活环境与生活质量的高度融合。就其本质而言,园林是下野的、有钱的、有文化的人物,与下层的、没钱的、有才智的工匠所共同合作的结晶。绵绵吴中大地,恰恰以物阜丰富、以草木华滋、以文风鼎盛、以艺匠技巧,为培植苏州园林这株华夏文明里的富贵风雅之花提供了温温润润的良田沃土。"它描述了苏州园林的隐逸历史、建筑起因与过程,讲述了与园林有关的人和事,挖掘了园林的文化,传达的是一种闲适、超脱的生活哲学,也表露出苏州或者说吴越之地所具备的一种地域隐逸文化品性。这部纪录片把苏州园林的这种隐逸文化提升为"大隐",塑造出苏州乃至江南的一种独特的地域文化品格。解说词"绵绵吴中大地,恰恰以物阜丰富、以草木华滋、以文风鼎盛、以艺匠技巧"描绘了一个物产丰富、人杰地灵、文化底蕴深厚的江南形象。在这部纪录片中,充满诗性特质与文化韵味的解说词本身就可以成为一个文化读本、文化精品。这是"诗意模式"中解说词运用的妙处所在,如果抛开纪录片的其他要素不谈,随意抽出两段解说词来,它们与一首小诗或者抒情散文并无明显区别;另外,单独抽出解说声音来听也十分悦耳。

最后,凸显纪录片解说词浓厚的哲理性思辨色彩,是建构"诗意苏州"形象的核心所在。纪录片《苏州史纪》和《回望勾吴》的共同特色就在于拥有极富哲理性、思辨性的解说词。比如,《苏州史纪》第十五集《责在天下》在介绍顾炎武时这样说道:"他说,做学问要博学于文,不仅要推本求源,还要结合实际以求实用;做人要行己有耻,要以有廉耻之心行忠孝节义之事。这既是顾炎武经世致用思想的集中体现,也是他一生行止的高度概括。"气息相通,一脉相承。当我们回顾一座城市的历史,我们是出于对自己缘起的探究,还是对自我内心的深入? 两种路径都有可能,但这样的过程是由艰涩逐步走向顺畅的过程。历史如庞然大物,渺小如我们,在不对等的关系中,《苏州史纪》提供了一条顺达的通路,帮助愿意思考的人,回到真实发生过的那些故事里,回答"从哪里来,到哪里去"的哲学命题,回应当下正在经历的困惑,回复将来有可能发生的选择。而解说词中的"做学问的方法""做人的方法",就是对这一哲学命题的具体而细微的回应,让历史人物"活"到了今天,让我们"回"到了过去。在光影交汇之中,我们跟着阖闾、范仲淹、唐寅、沈万三、张旭、干将、莫邪、顾炎武、蒯祥等苏州历史上的英雄才俊,感受千年时光下描绘的"梦中天堂",共同回顾城市的历史,开创城市的未来。再如《回望勾吴》第一集《探索吴都》中,就对吴都的旧址进行了思辨的考证。"多少年以后,当苏州这个地名再度成为中国历史上一个相当高端的经济符号、文化符号后,吴都的岁月印痕更是自然而然地融入在了苏州这座名城之内。自唐代以后,几乎所有的苏州方志都认定吴都的旧址就是现在的苏州老城区,而且从未被怀疑。然而,吴都真的就在今天的苏州老城区内吗? 宋代的苏州地方志虽然也认为吴都就在苏州城内,可是偏偏还提及了一句,民间有流言说,吴都在馆娃宫侧,这些宋代的民间流言又是出自哪里? 难道吴都真的另有其址？考古学界开始质疑这一历史谜团。"这段解说词用颇有悬念的表达方式和具有探索意味的语言模式,传神地描绘了苏州这座千年古城的神秘感。正如《回望勾吴》的开篇,用类似壁画的动画,展示吴国种桑养蚕、泛舟渔猎及寿梦称王、季札挂剑的场景,不仅勾起观众对这段真实历史的好奇,而且也简练地回顾了吴国600余年的沧桑岁月。纪录片中的解说词不仅需要精准地展示叙述对象的特征内涵,而且更需要给予一定的留白。《苏州史纪》《回望勾吴》等纪录片中的解说词流畅隽永、一气呵成,从整体上营造了一种"氛围感",扩展了观众的听觉空间,探索了苏州这座古老城市深邃与厚重的岁月章回。

二、形式和意境兼备的画面

优秀的纪录片作品,往往在结构上凝练节制、言简意赅,真正做到形神兼备、意境深远,集"知、情、意、行"于一体。内容虽是纪录片的主体,但形式的重要作用也不可忽视。形式单一、叙事简单、缺乏受众思维,这是当下部分纪录片的症候,也是纪录片无法抗衡影视作品的重要原因。纪录片要被广泛接受,就必须在强调"内容为王"的基础上,强化作品的形式美、诗意美、文化美等美感,从而成为形神兼备的精品。因此,纪录片在勾勒"诗意苏州"时,也有必要强化此三方面的审美诉求,从而实现苏州形象的有效建构。

1. 形式美

形式美主要是指构成事物的物质材料的自然属性(色彩、形状、线条、声音等)及其组合规律(整齐一律、节奏与韵律等)所呈现出来的审美特性。这里我们所谈的形式美,主要涉及画面的构图与道具两个维度。首先,纪录片建构"诗意苏州"时,基本都会注重构图考究、有节奏的焦点变换、固定镜头和平稳的推拉摇移等视听艺术的综合使用,从而以精致的镜头设计展现集"风、雅、颂"于一体的苏州风貌。譬如《苏园六纪》的画面选取了独特的园林之窗或门,以此来构建画面,形成画中画的感觉。通过独特视角所带来的别样视觉感受,形成一种独具江南园林特色的形式美,特别是配合恰如其分的光影,使静止的形式有了灵动的活力。另外,框景的构图角度在表现园林的窗门艺术的同时避免了繁杂的形式,让画面呈现得更加集中，从而体现出园林简约精致的形式美。其次，在画面景别的形式上，体现出一种和谐之美，时而特写细节，时而远观其概貌；时而拉开表现深邃，时而推近表现关切。大小之间、进退之间尽显画面形式的丰富、多变与和谐之美。特写的雕花、门环、游鱼，远观的宝塔、池、河，拉镜头中的长廊，推镜头下的奇石，充分展现了画面景别所带来的形式之美。除了构图之外，道具的运用让苏州形象更具体、更真实。以孙曾田执导的纪录片《天工苏作》为例，该片在讲述核雕故事时，一枚核舟在古典的水墨画中徜徉，配上《核舟记》的文段，浓厚的文人气息被注入小小的核雕之中；在呈现苏绣历史时，从女子刺绣的手切换到绘画和真人相结合的古代布景，并用横移镜头扩展画面空间，一边是文人在绘制吴门画派的画作的场景，另一边是女子在刺绣、男女身着苏绣表演昆曲的桥段。镜头的有意设计，场景、桥段的编排，道具、文人画的运用，都让《天工苏作》独具一种气质，与苏作的精致和苏州人的精神追求相映成趣。

2. 诗意美

文艺作品中的艺术美必然是内容美和形式美的辩证结合，"诗意苏州"的影像建构，离不开创作者在造型语言、叙事结构和艺术层次等方面所做的诗意探索，以此展示具有能动作用的艺术审美价值。比如，《天工苏作》以实景拍摄12位非物质文化遗产代表性传承人的故事，用诗画般的镜头向世界展示"非遗"之美，颇有诗意写实主义的艺术风格。江南水乡的桨声灯影、气韵雅绝的苏工苏作艺术品及其背后所蕴含的是博大精深的中华传统文化，都以典型环境或参与叙事的方式如诗如画般绵延开来，让观众真实感受到苏州深厚的人文内涵和素雅秀美的自然环境。同时，电视剧的镜头处理也富有诗意。大远景镜头下遗世独立的"江南水乡"，显示跨越历史的厚重之感；特写镜头下从灯彩、核雕、宋锦、明式家具、船点到苏绣、香山帮、缂丝、玉雕等苏作的制作工艺，展示被传承的手艺与情怀，更传达出"专注、耐心、坚持"的工匠精神；变焦镜头下薛东的彷徨与坚定，反映薛家三代人之间的传承及创新关系。此外，诗意美的画面还表现在意象的独特使用上，这成为画面诗性的重要元素，充分体现苏州的文化特色和无限魅力。意象给人无限的想象空间，又隐喻着独特的指向空间。每一帧都如同水墨画一般。既有江南小桥流水的特色，又给人充分的想象空间，那一瓣花、一隅影、一片舟都是"诗意苏州"的具象化呈现，让人心驰神往。例如，在《苏园六记》第一集《吴门烟水》中，一开头便以苏州大地上淅沥雨水的全景拉开帷幕，突出表现了江南"雨"这一意象。江南特有的梅雨之季滋润了万物，也使得江南地区的文人雅士身上有意无意地带着"水"的气质：纯净，美好。这样的气质，也反映在他们的作品当中。因而，苏州才被称为"唐诗的故土，宋词的家乡"。由雨水而联想到苏州这座园林城市，风雅支撑的精髓，此般带着强烈寓意的开场，巧妙之处是不言而喻的。一拉一推的镜头运动之间，将一幅《雨中苏州图》展现得淋漓尽致。中华灿烂的文明使许多意象具有特定的审美内涵，已经被符号化为民族文化的标签，并且与世界文化具有共通的性质。意象使人与其所代表的文化联系起来，产生美的想象。巧夺天工的苏作、秀外慧中的苏州，无不与江南文化所特有的精神气质相关联。纪录片正是以诗一般的语言，以回望历史、启迪当下的生动视角，给观众带来唯美的感官洗礼，让他们感受苏州这座城市的精神内核。

3. 文化美

纪录片创作者在建构"诗意苏州"的形象时，擅长用独具特色的苏州形象来展示苏州城市的文化美，充分体现出苏州优雅、深邃、博大、恬静的内在气质。其中，尤以苏州的饮食文化为最。孔子的《论语·乡党第十》谈及"十不食"，"不时不食"则成为苏州美食乃至中国美食的核心。《风味人间》《人间有味山河鲜》《万物滋养》《江南味道》等纪录片，聚焦苏州美食的食材和技法，立足季节时令和养生为人之道，真实再现苏州人"虽疏食菜羹，瓜祭，必齐如也"的饮食文化。《人间有味山河鲜》聚焦一趟苏州的寻鲜之旅，白灼六月黄、面拖六月黄（夏天时令）、清蒸大闸蟹、秃黄油拌面、秃黄油拌饭、蟹虾两鲜及各种时鲜美食白灼湖虾、白鱼、鳊鱼等，记录苏州人的烟火故事。《万物滋养》绘制一张吴江七都的生态名片，"太湖三白"、鳜鱼（春天最肥美）及红菱等，勾勒鱼虾与水生植物共生的苏州水乡。《风味人间》开启一段"水中人参"的前世今生，八月上市的鸡头米是苏州人心头的"白月光"，桂花糖水鸡头米、杏仁鸡头米、鸡头米糖粥、冰镇番茄鸡头米等不同做法，不负"江南水八仙之首"的盛名。《江南味道》寻觅一批原生态的绿色食材，初春时的马兰头和水芹菜、油菜花开后可捕食的塘鳢鱼、苏州话谐音为"欢迎"的第一道菜"虾仁"，尽显苏州不时不食的"时令味"。以美食为传播媒介，影视作品也渗透进苏州的城市肌理和文化命脉，为观众呈现苏州的"鲜""甜"之感。聚焦苏州的"鲜"，《万物滋养》以苏州吴江七都镇为取景地，在此之前，七都镇独特的美食文化与传统民俗文化也曾受到《舌尖上的中国 第二季》和《味道》摄制组的青睐。七都镇拥有23千米的太湖岸线，沿岸植被富饶，渔业资源丰富，茭白、莲藕、水芹、芡实（鸡头米）、慈姑、荸荠、莼菜、菱八种蔬菜更是以"水八仙"的美名享誉全国。立足苏州的"甜"，《舌尖上的中国第二季》展示糯米卷、枣泥拉糕、三角团、元松、钳花小包、金鱼酥、船点等苏式糕点的制作工艺。和古典园林一样，苏式糕点也是苏州的文化标志，在特写镜头、快速剪辑等视听艺术的加持下，各类糕点的精美工艺让人赞不绝口。糯米卷的制作，由糯米揉碎成片，用刷子刷上枣泥或豆沙卷成卷，粘上花生碎和芝麻；金鱼酥的制作，由前端向后一半处捏紧成鱼身，余下用剪刀修成鱼尾；苏氏小方糕的制作，通过水磨糯米粉和粳米粉按不同比例混合，内搭应季而变的馅料，取天然色香，夏秋薄荷，冬春玫瑰。花样各异的苏州美食，构成了苏州人美食灵魂里至关重要的一环，也成为苏州文化形象的重要表征。

总之，形式美、意象美、文化美共同组成了纪录片的意境之美。其更高境界在于超脱营造画面美的意境，使之上升为一种地域意境的人文呈现。古人云："人杰地灵。"景与人不再是孤立的存在，而是水乳交融、合为一体。纪录片特别注重对"人与自然"关系的开掘，通过画面意境的营造来诠释一方水土中人的气息。苏州作为一座园林城市，除了拥有各式园林艺术之外，还在整个城市的地域形态中有"城市山林"之称。城市山林，繁华嘈杂的大都市与幽深静谧的山林有机结合，呈现闹中取静、超然脱俗的意境之美。

三、抒情与达意共生的音乐

纪录片不仅是视觉艺术，而且是听觉艺术。作为纪录片的重要组成部分，音乐对传播纪录片的影像意义与表达纪录片的主题内涵都具有不容忽视的作用，逐渐演变为影响纪录片创作与鉴赏的重要手段。随着纪录片创作实践的不断拓展与深化，音乐已成为必不可少的元素。作为纪录片的重要表达手段，音乐拓展了纪录片的风格表现空间与主题表达视域。一般而言，音乐给人们的印象似乎只是纪录片的一种若隐若现的点缀、一个若有若无的配角，但是音乐实质上是纪录片的灵魂所在。音乐运用与调控得当，能够直接提升纪录片的艺术底蕴，丰富纪录片的思想内涵，使纪录片更加具有形而上的审美价值指向。

纪录片中的音乐虽服务于情感化的解说词和画面，但也有其独特的作用和诗性风格，对"诗意苏州"的建构能起到强化作用。

1. 苏州题材纪录片中的音乐具备抒情作用

"诗意苏州"的情感表达，应具有视听综合性。声音上，除了解说词之外，重要的情感抒发载体就是音乐。在这里，音乐抒情性的好坏，主要有两个考察维度：一是抒情的达意性；二是音乐与画面节奏的情感吻合度。

首先，音乐的抒情达意主要体现为音乐所表现的情感是否与纪录片要表达的情感相一致。这是一个画面、声音在听觉上是否能够和谐的问题。音乐既然是作为解说与画面的一个衬托而存在，那么音乐就要服务、服从于解说和画面。在中国的纪录片中，音乐往往随解说内容的地域变化而变化，如纪录片《江南》中的配乐就应该具有解说词描述的江南水乡的特色。事实上，《江南》中的配乐都是具有典型江南特色的、充满中国文化底蕴的古筝曲，是地地道道的中国传统民乐。仅凭两三件乐器便可弹拨出宁谧悠扬的曲子，营造出浓浓的古典意境。如《江南·莲叶田田》一集中使用古筝曲《小河淌水》，《江南·吴歌越调》一集中使用古筝曲《柳色新》，《江南·民间故事》一集中使用古筝曲《广陵散》，《江南·青梅煮酒》一集中使用古筝曲《梅花三弄》，《江南·桨声灯影》一集中使用古筝曲《出水莲》，《江南·水源木本》一集中使用古筝曲《二泉映月》，《江南·朝花夕拾》一集中使用佛教音乐古筝曲《半弦月》。音乐可谓是神来之笔。

其次，音乐要随解说、画面叙事的节奏而变化。叙事较快的部分，音乐节奏也要相应加快；叙事节奏慢下来的时候，音乐也要配合一些慢拍的和弦以给人足够多的时间去静静体味。比如，《天工苏作》的配乐就明显节奏较快，气势比较宏大，而《苏园六纪》的配乐则要缓和一些，并且音乐的声音要稍轻一些，主要是为了烘托解说词的配音，进而营造出一个抒情性的情感氛围。

2. 苏州题材纪录片中的音乐具备渲染作用

渲染气氛就是遵循声画统一的原则，为画面配上气氛、情绪及与之相统一的音乐，增加画面的感染力度。纪录片中渲染气氛的音乐，可以增加戏剧性，并成为打动观众的契机。纪录片中各个段落气氛的差异，可以带来全片的变化和起伏，使纪录片更具艺术魅力。渲染气氛是纪录片运用音乐建构"诗意苏州"的另一重要作用。比如，《天工苏作》的主题曲《沉淀》，系统介绍了以延续千年的苏绣、木器、雕刻、营造、园艺为代表的一大批非物质文化遗产，并且记录了流转在这些工艺和器物间的故事，以及最重要的匠心的传承。在前奏部分，主题曲《沉淀》就以三弦和琵琶在苏州评弹中的经典段落作为引子，并在苏州山塘评弹昆区馆录取了《栀子花与白兰花》这一流传于江南千年的经典叫卖声，来为苏工苏作进行时空的定位，并以此勾起观众共同记忆。再如《苏州史纪》，该片全面展现了苏州自先秦至辛亥革命的波澜壮阔的历史，揭示了苏州对中国和世界文明历史进程的贡献，彰显了苏州文化的生长肌理、丰富特色和氤氲其间的文化乡愁。因此，该片的主题曲以评弹和琵琶弹奏乐为主，气势磅礴，悠远大气，不仅契合了画面与解说的氛围，而且也提升了人文地理的韵味，在气质上与深厚的历史底蕴形成高度的契合，可谓相得益彰。这种音乐的渲染不仅表现在片子组成要素解说、画面、音乐的简单和谐层面，而且更深层次地表现为对内容和精神的渲染。同时，地域渲染性无疑也会成为纪录片一个不可替代的价值因子。

纪录片中音乐的渲染性，还可能营造或产生情怀，比如，《舌尖上的中国》主题曲《劳作的春夏秋》，用三个段落展现了春、夏、秋三个季节充满野趣的劳作画面，赞美了劳动人民的辛勤努力，强化了"劳动美"的情绪感染力；配乐《才下舌尖，又上心间》的名字来自纪录片中的解说词"才下舌尖，又上心间，让我们险些分不清哪一个是滋味、哪一种是情怀"，旋律轻快甜美，充满童趣，节奏调皮可爱，让人感受到家人团聚的幸福。

3. 苏州题材纪录片中的音乐具有时代性特征

艺术创作须立足于时代审美，要有引领甚至超越时代的思考，方能在时代艺术大潮中写下浓墨重彩的一笔。纪录片创作者往往坚持现代性、时代性与世界性相结合的音乐风格，苏州题材纪录片是艺术家对新时代苏州风貌、文化意蕴与中国精神的一次深刻认识与映射，因此，创作者坚持以时代审美为内涵，音乐洋溢着强烈的时代气息。比如，《航拍中国》"苏州篇"中著名作曲家王备先生的配乐，称得上是与精美视觉画面高度契合的"神来之笔"，其优雅诗性的情感抒发与空灵神性的艺术表达相互交织，将浓淡相宜的民族性与开阔现代的世界性彼此融合，配乐时而气势磅礴，时而气韵生动，尤其贯通纪录片的女声独唱，赋予音乐悠远唯美且又深邃神秘的气质。该纪录片的片首曲以钢琴和小提琴徘徊作为引子，如同清晨初醒，配合开场台词；而后鼓声与大提琴（或为低音提琴）相得益彰，前者主导节奏，后者引领旋律，表达含蓄的律动、深沉的活力，恰与东方审美相吻合；后段是女声高音吟唱与弦乐协奏相结合，达到"燃"点，同时这也是创作者及观众情感上的宣泄释放点。苏州题材纪录片须更加注重音乐的抒情性与写意性，其中选取的音乐可能都是比较舒缓的，以此来形成自己独特的诗性风格。

第三节　纪录片建构城市形象的媒介反思

一、"诗意形象"的遥望与反思

自然意象在中国的文艺作品中得到了广泛的运用。清代文学家刘熙载在《艺概·诗概》中提道："山之精神写不出，以烟霞写之；春之精神写不出，以草木写之，故诗无气象，则精神亦无所寓矣。"[1]草木山石、日月星辰本无情思，而在艺术家的笔下，大自然的一切都有了人文意义。

苏州作为一处旅游胜地，其地域意象的创造既得益于秀丽的美景之基，更得益于几千年来的文人书写。大型系列人文微纪录片《江南文脉》围绕"诗词"和"园林"两个主题，每个主题定为50集，共100集，每集5分钟，将文化与旅游两种元素完美结合，在短短5分钟时间内带给观众一场游赏江南、共话文脉的视听盛宴。千百年来，文人墨客留下无数吟咏江南的华美诗篇，或以美景醉人，或以哲思胜出，无不勾起世人对江南的向往。穿过沧桑历史的尘烟，发掘江南文脉的魅力，以微纪录片的形式勾勒出江南文化的传承之脉，这是大型系列人文微纪录片《江南文脉》的初心所在。《江南文脉》全面系统地梳理了江苏文化、江南文化的脉络源流。《苏州史纪》第六集《诗赋雄州》聚焦唐代诗人，其中多位诗人与苏州关系密切，透过纪录片，我们能深刻感悟到诗中的苏州美不胜收。大诗人韦应物、白居易、刘禹锡，先后出任苏州刺史，颇著政声。韦应物"为郡于此，人赖以安"，被苏州人亲切地称为"韦苏州"。白居易主持修建的七里山塘，直到今天仍是苏州的重要地标。刘禹锡赈灾救民，开凿汉塘，"灾疫之后，民无流徙"。中唐的半个多世纪里，三位刺史以他们共通的社会良

---

[1] 刘熙载. 艺概[M]. 清同治刻古桐书屋六种本,卷二:42.

知、人格力量和文化魅力，促使苏州进一步繁荣昌盛。在几乎所有关于苏州的纪录片中，都不同程度地捕捉了苏州的"诗意形象"。苏州给予了这些文人以书写的灵感，给予了这些文学作品以原型；同时，苏州又伴随着这些文人、文学作品的流传而广为人知，博得美誉。

历史中，苏州的城市形象传播，借助于脍炙人口的诗词楹联和口口相传的文化故事，而在人际传播的过程中不断丰富更迭。苏州自古以来山川秀美，湖泽清碧，有"人间天堂"和"东方威尼斯"等美誉。"江南园林甲天下，苏州园林甲江南"，意在称颂苏式古典园林移步换景，相映成趣；"君到姑苏见，人家尽枕河。古宫闲地少，水港小桥多"，更是将苏州的水网纵横、一步一桥描绘得意趣生动。纵观历史，古今无数墨客雅士用他们的文学创作描摹出一个充满情怀的典雅浪漫的诗意苏州。在纪录片《宋之韵》中，对姜夔《暗香》的情景再现是最值得一提的例子。这一情景再现将观众对于词人的审美想象变成了影像，也让观众切实体会了词人当时的处境：词人在苏州冷冷清清的乡野，"江国，正寂寂"，忽然闻到梅花的香气透入室内，"但怪得，竹外疏花，香冷入瑶席"，虽然上了点年纪，不那么容易激动了，"何逊而今渐老，都忘却，春风词笔"，但还是想起了以前经常在月下吹笛赏梅的情景——"旧时月色。算几番照我，梅边吹笛"。由此又想到西湖梅花盛开时与情人携手不顾寒冷去摘梅花，"长记曾携手处，千树压，西湖寒碧"，"唤起玉人，不管清寒与攀摘"。看着眼前的梅花，想摘一枝寄予情人，但又相隔遥远，"叹寄与路遥"，于是看着红梅，喝着清酒，烦乱地思念情人，"翠尊易泣。红萼无言耿相忆"。想着梅花很快就将凋落，什么时候才能见到梅花再开，也就是什么时候能再与情人见面呢？"又片片，吹尽也，几时见得。"

而文人墨客的会聚则用更多的文字观照苏州，也让苏州成为一座闪烁着人文主义精神和浪漫主义光芒的文化名城。文学作品不能简单地视作对某些地区和地点的描述，许多时候恰是文学作品"创作"了这些地方。可以这样说，苏州是文人墨客笔下的"宠儿"，而文人墨客挥毫写就的文章亦赋予了人们对苏州无限的想象。

"诗意模式"的精神内涵来自中国文化的传统诗性。"诗意"似乎从未与中国文化分开过，以人为本的中国精英文化传统充满了诗性精神，所谓"孔颜乐处""天地大美""逍遥物外"正是诗化哲学与诗化生活追求的表征。中国诗歌与中国文化相一致,从一开始就充满了人间性,充满对生命的慰护与关怀,"诗言志""诗缘情""诗史"等命题皆本于此。诗是中国文学的灵魂,诗性特征是中国传统文化的基本特征。纪录片的"诗意模式"则是用影像的方式延续着这一艺术命脉。纪录片记录下两千年来"诗意苏州"的文人书写,并通过声画配合还原了这些地域想象,同时给予了观众新的想象。影像与文字一样,通过创作者的剪接、拼贴,形成新的地域意象。《苏园六纪》中的苏州温文尔雅,是一处美丽的世外桃源;《江南文脉》中的苏州诗情画意,是游览名胜的绝佳去处;《天工苏作》中的苏州很有"国际范儿",是体味"非遗"的必经之地。与诗词歌赋中丰富多样的苏州意象一样,不同的纪录片也给予了苏州不同的地域想象,这些不同的地域想象共同构成了纪录片创作者对苏州这一地域意象的多重建构。

二、"新纪录电影"的借鉴与启示

如果说格里尔逊时期的纪录电影在使用虚构手段时是被动而不自觉的,那么"新纪录电影"对虚构手段的使用则是积极而自觉的。因此,"积极主张虚构"的创作理念,是"新纪录电影"的重要特征。但是,"新纪录电影"的"虚构"策略不同于格里尔逊时期的纪录电影对事件的简单"搬演"或"重构",也区别于通常的故事片采用的"虚构"手段,威廉姆斯(Williams)将"新纪录电影"的"虚构"策略称为"新虚构化"(New Fictionalization)。换言之,因为过去的事件已经不复存在,人们也无法在真正的事发现场捕捉事件,所以必须采用"新虚构化"的方法来重新建构历史。对城市形象的记录和展示同样如此,城市的发展变迁转瞬即逝,纪录片创作者必须依靠技术手段重新还原城市发展的历史。新纪录片电影理念中的虚构手段和探索真实的过程,为此类纪录片创作提供了丰富的手法表现空间和结构叙事空间。因此,《昆曲六百年》《回望勾吴》等有关苏州的人文历史纪录片,深受"新纪录电影"的启发,采用"新虚构化"手段重塑苏州形象。

一方面,CG(Computer Graphics,电脑图形)动画的使用。在《昆曲六百年》中,CG动画建构的景观,勾勒出高雅经典的昆曲与沧海桑田的昆曲史,还原了历史与现实的真实处境,展示了昆曲600年的历史及博大精深的艺术体系和卓越的艺术魅力，给观众带来震撼的视觉体验，拓展了人文题材纪录片的审美空间。必须明确的是，任何通过视听传播的艺术形式都离不开观众的审美需求。纪录片不像是剧情片有设计好的剧情和桥段，纪录片所展示的是客观真实，继而通过声音和画面的传播带给观众审美的体验。在观众看到模拟的昆曲发展历史动画之前，600年的昆曲发展史在人类的脑海中可能仅停留在审美想象的阶段，一旦通过CG动画直观地呈现出来，便带给观众一种特定的审美认识。这样的审美认识是带有昆曲文化特色的，它包含了中国戏曲人的智慧美、勤劳美、人性美。动画的设计抓住了观众对于认识美的主动性和积极性，成功引导观众进入昆曲的美学世界。

另一方面，搬演的使用。"纪录片之父"弗拉哈迪（Robert Flaherty）在拍摄《北方的纳努克》时，首次在纪录片中使用了"搬演"的创作技法。所谓"搬演"，主要是指对那些早已不复存在，或者难以捕捉的画面，由他人表演或者运用光影声效果甚至虚拟技术，重构事实的一种创造性手段。"搬演"不同于纪实，它既不是对生活原生态的忠实记录，也不是虚构。它选择的题材内容必须是客观存在的真人真事，并且在搬演过程中，不允许对题材内容进行虚构、夸大和实质性的艺术加工。这是"搬演"最本质的特征。为了更好地传达创作者的理念与主题，适当采用一些"搬演"手段来达到真实是必要的。如气势恢宏的紫禁城、神秘壮观的敦煌，经历漫长的时间，过去的文化人物只留下遗迹，丰富灿烂的内容被封存在厚重的历史之中，只剩下空壳让人独生悲切。纪录片无法再现城市过去的时空与情景时，必须借助虚构的表意手段。比如，《苏州史纪》全面展示了苏州自先秦至辛亥革命的波澜壮阔的历史，揭示了苏州对中国和世界文明历史进程的贡献，彰显了苏州文化的生长肌理、丰富特色和氤氲其中的文化乡愁。纪录片在讲述阖闾、范仲淹、唐寅、沈万三、张旭、干将、莫邪、顾炎武、蒯祥等人的故事时，均采用了"搬演"的形式，让观众看到古人经历的生动与传奇，用千年时光描绘了"梦中天堂"的美景，锻造了苏州的过去，也开创了苏州的未来。这种运用"搬演"的创作实践与西方的"新纪录电影"遥相呼应，共同地、积极地主张运用"虚构"手段来创作纪录片，以追求纪录片的"深度真实"。

纪录片创作者以历史事实、地理上的人文叙事为主，以影像的"再现"为辅助手段，再现一些不复存在的城市遗迹，以协助历史事实的陈述。于是，作为一种影像的表意形式，"虚构"起到了一种弥合时空"断点"的功能性作用，同时也为人文地理中的历史叙事、传说呈现、文明起源的叙事提供了生动形象的表达方式。"在历史、传说、文明起源的叙事中，由于影像的摄取在源发之初的'缺席'，因此，纪录片创作者通过借助有表意功能的虚构搬演，呈现历史的'可能情景'，为观众的收视营造一种'真实感'的纪录片的造型风格。"[1]正是有了"新纪录电影"的借鉴和启示，纪录片通过运用各种策略手段以视觉化的形式将城市发展进程中的诸多元素进行编码组构，在影像呈现中建构人们的文化认同和身体归属感，从而成为城市集体记忆显形和传承的关键手段。

三、"纪实影像"的历史复原问题

城市是零散事物混合存在的整体性空间，是人的聚集，也是故事的发生场域。不管是在城市中生活的人、发生的故事，还是存在的事物，都不可避免地与城市紧密联系在一起，一个人的精神气质和城市空间内所蕴含的历史文化都是城市形象构建与对外传播的重要组成部分。哪怕只是一个城市的历史文化，也是悠久漫长而又浩繁庞杂的，一部纪录片容量再大，也不可能穷尽。苏州城市形象的构建是由内外多个方面、多种特质组成的，如果不分主次将所有方面一一呈现，不免会出现零散拼贴，甚至会出现和其他城市雷同的现象。如果只是蜻蜓点水般浮于表面展现，则无法深入苏州城市内部呈现其城市精神和文化内涵，使得苏州城市形象的建构浮于表面。"诗意苏州"的建构必须借助生动的纪录影像，带着观众从静态的故纸堆和文化遗迹出发，深入城市历史文化的鲜活语境中，感受数千年来曾经的"真实现场"。

作为中国东南部的一座重要城市，苏州的历史生生不息、波澜壮阔，其间也有高峰低谷。以《苏州史纪》为例，在第一集中的"史前文明"后，纪录片的时间经线以先秦、唐宋和明清为重点，其余历史时期简笔带过；在内容纬线上则包罗万象，对各领域的重大文明成果尽可能细微描

---

[1] 刘洁.纪录片的虚构：一种影像的表意[M].北京：中国传媒大学出版社，2007：162.

摹。《苏州史纪》是由历史舞台上一个个主角在连续不断的场景中生动演绎而成的。每集25分钟的纪录片容量有限，但如果能精准选择这些或重大或意味深长的历史现场，则能生动表现历史的本质真实。《苏州史纪》的28集中，可以说充满多个这样通过影像再现的历史现场，传递出扑面而来的历史真实感。例如，《苏州光复》这一集，讲述了辛亥革命发生后不久，苏州在全国革命的惊涛骇浪中新旧激荡，以自己的方式带些犹疑而又坚定地走向历史新纪元。这集开篇就是一个近两分钟的场景刻画，当时的江苏巡抚程德全，作为大厦将倾的清王朝的封疆大吏，如同这座城市一样面临艰难选择。他已决心反正，在一面白旗上先写上"兴汉灭满"四个血红大字，沉思再三又觉不妥，拿起笔重新改写成"兴汉安民"。这样一个带有一定写意功能的真实场景，充分表现了1911年11月的时代风貌。

城市，有了人才有了活力，才有了发展。个人对于城市的观察，往往是敏锐的；而城市的变迁带给人的触动，也往往是刻骨铭心的。以纪录片的方式为城市立传，正在成为当代观众走近一座城、爱上一座城，并了解其背后的历史脉络和拓宽视野的重要方式，深受人们的喜爱。因此，纪录片创作者必须用自己的回忆折射城市的历史，用自己的经历编织城市的变迁，用自己独特的观察阅读城市的风景，用自己缜密的思考揭示城市的文化内涵，从而真正展示城市中人的生存、城市自身的魅力、城市中人与人的关系及城市与城市的异质性。

第四章 流动式传播：宣传片中的"自在苏州"

第一节　宣传片中"自在苏州"的表达策略

一、从视觉到听觉，打造"慢美学"

苏州城市形象宣传片以文化为情感出发点，通过画面与声音的结合，不仅将苏州历史文化体现出来，而且可以吸引更多的外商，促进当地旅游业的发展。而且，苏州城市形象宣传片有别于其他影片，其着力于实现观众的文化和情感认同。通过对其他城市形象宣传片的梳理，笔者发现，其他城市的宣传片亦主要以该城市的文化历史作为影片的主要展现方式。所以，一个合格的宣传片就是要将城市的文化与人作为核心，从而外化为多样的故事情节。苏州城市形象宣传片的拍摄更要将城市里的具有悠久历史、时代特色的社会故事作为影片的主要内容，最终呈现苏州的江南气息。这不是能一笔带过的，而是对城市宣传理念的诉求表达，向观众呈现一种"慢美学"气质。

首先，多景别航拍。航拍是城市形象宣传片经常使用的创作策略，它可以在更高、更广的视角上获得一座城市的整体风貌。早在航拍技术手段成熟之前，苏州城市形象宣传片便倾向于使用延时摄影对城市进行人文地理景观的"扫描"，这种方法虽然也能在短时间内展示一座城市的风貌，但是从审美性和传播性层面还是不尽如人意的。而航拍技术可以实现多景别的综合使用，尤其是将航拍镜头与远全景镜头、空镜头、长镜头等进行结合，不仅可以对城市地理景观予以美学建构，而且也能让观众在"上帝视角"中获得更深层次的情感共鸣。一般而言，在苏州城市形象宣传片中，航拍画面出现的段落以开头或结尾居多，其作用通常用来介绍环境或确定地理方位，这既符合城市形象宣传片创作的基本规律，也能在短时间内奠定作品的整体基调，传递基本信息，提高观众的接受度。近年来，随着政府部门对城市形象宣传片的日益重视，城市形象的建构与传播越来越依赖于城市形象宣传片的制作和宣发，多景别航拍则可以让创作在宏观和微观层面更好地展示城市形象，深入苏州的历史文化现场，再以蒙太奇、快速剪辑等方式进行画面组接，强化宣传片的故事性和人文性。这些影视创作的特殊技法越来越成为苏州城市形象宣传片的创作手段。

其次，低饱和度自然色调。由于时长和内容的限制，城市形象宣传片需要在短时间内形成"眼球经济"，注重画面的视觉冲击力，以此获得观众的情感共鸣。与其他城市形象宣传片有所不同的是，苏州具备文化性和现代性的双重属性，在视觉呈现上既要求有古典韵味，又需要有现代都市感。因此，苏州城市形象宣传片通常会使用低饱和度的色彩色调，注重镜头切换和画面构图，以此形成视觉冲击力。具体而言，苏州城市形象宣传片中最常用的色彩色调即橙蓝色或者鸭绿色，略带橙色的人物肤色和深蓝色的背景在视觉上可以形成一定的反差，让画面更具电影质感。同时，色彩也具有强化人物特征、地域文化的作用。苏州城市形象宣传片整体基调较为明亮，自然光线充足，这与苏州自由、阳光、充满希望的形象基本吻合。因此，城市形象宣传片中的色彩、色调不仅是为了强化影像的视觉吸引力，更是为了准确定位城市特征，呈现城市文化。

再次，情景交融的空镜头。苏州的古典建筑和城市面貌是在几千年的历史演进中积淀下来的。苏州城市形象宣传片的制作除了要考虑观众的审美意识及观影习惯等因素之外，还要考虑民俗文化和历史记忆的部分，这是苏州独具特色且声名远扬的重要原因。因此，苏州城市形象宣传片往往会使用大量的空镜头拍摄平江古城、金鸡湖美景及其他古镇古街等，充分融合苏州美景与苏州文化，用诗情画意的镜头展示天人合一的苏州环境和人文底蕴深厚的苏州内涵。用影像传播文化，生动地展现苏州文化的原有面貌，这既是城市宣传的根本，也是在树立影片整体的风格。苏州城市形象宣传片中的画面简朴而不失典雅，最终表现出江南水乡特别的美丽风景。

最后，以"人"为核心的主题内容。城市形象宣传片的核心要义是呈现一座城市的历史沿革和发展现状，侧重点是建构并传播城市的经济文化特征及内在精神。为了更好地呈现这些隶属于"形而上"范畴的内容，可观可感的"人"便成为城市形象宣传片的重要视觉信息。比如，苏州城市形象宣传片常常会使用老年人或者儿童作为叙事对象，而且经常将人放在影片的结尾，用来烘托整体的气氛。但是，不能长时间把城市居民作为重点，城市形象宣传片还要结合当地建筑提升观众的审美表达，把苏州独具特色的内涵展现出来。苏州的部分城市形象宣传片会将镜头对准晨练的老人或者玩闹的儿童，且会使用慢镜头来展示他们与城市共同营造出的美好温馨的气氛，这些叙事内容看起来没有完整的故事和明确的意义，但实质上可以通过"人"的形塑来折射一座城市的魅力。以影像方式来强化城市形象宣传片的核心，以"人"来勾连城市历史、现在和未来，可以更好地呈现城市的特点。

苏州城市形象宣传片本身便拥有特殊的文化属性，随着影视创作手段的不断进步，更多的城市形象宣传片也在不断涌现。不难看出，城市形象宣传片在成为城市名片的同时，也在一定程度上展现了文化价值。苏州是一座拥有浑厚历史文化的城市，我们必须通过城市形象宣传片中的影像语言打造城市品牌，避免影片一直停留在宣传的层面上。影像语言的运用使苏州城市形象宣传片相较于其他类型的影片更具竞争力，在时代的演进中日益成为江苏的新名片。

二、从风光到人情，描摹"自在感"

随着城市形象宣传片的热度不断升级，当地政府认识到城市形象宣传片的作用，开始积极营造属于自己的城市印记。一座城市在全国乃至世界范围内的接受度和认可度，在一定程度上取决于城市管理者对城市的整体规划。其中，"品牌"是决定城市进步的关键，打造"品牌"则离不开"城市精神"的内在支撑。在媒介技术和数字资源快速变革的今天，传统的影像创作手法已然不能满足城市形象宣传片的美学需求，想要全方位地展示一座城市的人文风貌，必须实现从风光展示到人情叙事的双重转轨。苏州城市形象宣传片创作者只有仔细挖掘自然风光和人文色彩的内在特质，利用大众喜闻乐见的艺术形式提升作品的文化软实力，才能更好地展示苏州的城市印记，为苏州的品牌建设添砖加瓦。

以自然风光为主，展示"自在自为"的苏州形象，是苏州城市形象宣传片的首选。对于苏州来说，历史风情是其底蕴，现代建设是其羽翼，这些既是苏州城市人文风光的重要组成部分，也是城市形象宣传片的重点表现对象。比如，由苏州市政府新闻办公室和苏州日报报业集团联合摄制的《时间里》，向观众展示了一个春暖花开的别样苏州。该片众多场景在吴中取景拍摄，全方位展示了碧螺春茶园、东山苏峰山环岛路、东山雕花楼、太湖湿地等吴中美景，引入腌笃鲜、酱爆螺蛳等吴中时令美食，樱花、桃花、油菜花、梨花等吴中春季花卉也轮番登场。该片立足城市内涵，展示苏州的青春活力和动人魅力，在主题曲"就在苏州老，太湖畔、长桥边"的歌词里，我们能够深切地感受到环太湖休闲自在的生活情调。由苏州市委宣传部牵头、苏州广播电视总台承制的《人间天堂　自在苏州》以苏绣为城市符号和视觉元素，串联起苏州全市的十大板块，凸显苏州景美、人美、文化美，体现东方审美的国潮风和江南韵味。片中，苏州十大板块的标志景观轮番上阵，"文明张家港　生态宜居城"的张家港市、"现代田园城　幸福金太仓"的太仓市、"江南何处好　乐居在吴江"的吴江区、"太湖风光美　精华在吴中"的吴中区、"小城大爱　常来常熟"的常熟市、"大美昆曲　大好昆山"的昆山市、"千年古城　繁华姑苏"的姑苏区、"相土尝水地　枢纽中心城"的相城区、"绣美山水　智汇高新"的虎丘区、"创新之城　非凡园区"的工业园区，无不展示出"人间天堂"的活力和魅力。可见，苏州城市形象宣传片在展现城市风光时，整体风格偏成熟稳重，着重描摹城市的"大历史"和"大景观"，这对于苏州在短期内快速形成品牌效应大有裨益。

　　苏州的自然风光堪称绝美，人文景象也独具特色。对于"人"的表现是任何一部城市形象宣传片的叙述重点，也是讲述中国故事的出发点，更是实现城市形象宣传片对外传播的原动力，独特的人文色彩也构成了苏州城市的别样底色。苏州城市形象宣传片越来越重视人物形象的展现，从不同侧面展示市民的精神内涵。由苏州市政府新闻办公室出品的《苏州情书》，以"因为一个人爱上一座城"为核心主线，讲述了新加坡姑娘韩梅梅在苏州一周假期的情感动态。韩梅梅的前男友在参与建设中新合作工业园区的过程中留在了苏州。韩梅梅对此疑惑不解，七年后决定亲自探访苏州这座城市。在苏州的一周里，韩梅梅不仅慢慢爱上了苏州的自在生活，而且也邂逅了一位苏州摄影师李雷并找到了真挚的爱情。该片以"人"的故事串联城市的人文故事，将唯美热烈的爱情巧妙融入苏州的古典与时尚之中,以此展示苏州古朴典雅又不失自在活力的城市内涵。此外,像《又见吴中》《有一种生活叫周庄之左手后院》《离乡草 山塘缘》《恋城》也都以"情"取胜,通过个体的情感历程来展示苏州城市浓厚的人文气息。《又见吴中》以韩雪重回故乡参加闺蜜婚礼为线索,在美好的童年回忆中呈现吴中的飞速发展。《有一种生活叫周庄之左手后院》以周庄水乡的古镇风貌为故事背景,讲述一对爱好旅游的夫妻携手来到古镇旅游,深度体验古镇自在的生活和质朴的人文风情。《离乡草 山塘缘》讲述的是从小生活在山塘的一对青梅竹马,男主人公去了大都市发展,女主人公终日思念着男主人公,每年都寄茶叶给他。当男主人公深切感悟到女主人公的思念之后,义无反顾地回到了她的身边。《恋城》讲述了发生在吴江的一段清新唯美的异国恋情。因此,以"人"为苏州城市形象宣传片的核心,不仅突破了传统的风光宣传片的创作模式,而且也进一步打响了苏州"游东方水城 品苏式生活"的旅游品牌。

关于苏州城市形象和城市精神的选题、素材较为丰富,从品牌学和营销学角度看,精准定位,寻找差异化特质,是获得高效传播的重要前提。一方面,我们有必要明确城市宣传主题,围绕核心文本加强传播效果。南宋范成大在《吴郡志》中提到的"天上天堂,地下苏杭",千百年来成为苏州的经典广告词,但与杭州绑定,降低了苏州的记忆点。后来,苏州征集到最佳广告语"人间天堂,自在苏州",李少红导演以此拍摄了30秒时长的广告片,并在中央电视台主要频道播出,从而使苏州城市形象得到广泛、持续的传播。另一方面,我们也要掌握新媒体的传播规律,注重用户对内容和创意的接受效果。移动互联网媒体中的作品多表现出信息内容鲜明、时长短、传播快速等特点,大而全的综合影像在新媒体环境中的传播力度减弱。苏州城市形象传播过程中面临不同层次的宣传需求,除了侧重宏大叙事外,还可根据具体内容制作精致而短小的宣传视频,从而呈现趣味性和创意性。

三、从在地到全球,书写"跨文化"

城市外在形态的变革需要经济发展的物质支撑,而城市形象的有效传播则依赖于城市文化内涵的对外展示。理想的城市宣传效果,不仅可以大大推动城市对外的沟通交流，而且能够为城市发展营造有利的舆论环境、架起文化沟通的桥梁。城市形象的跨文化传播，在对外宣传城市的同时也向人们传播了特定的城市理念和生活观念。随着城市之间交流的日益频繁，城市形象宣传片"跨文化"传播的效果，离不开该城市在其形象宣传片中对自身形象的视觉建构。城市形象宣传片的创作者或出品方必须明确城市对外形象宣传片的目标受众，了解城市特有的文化内核。因此，我们需要重点了解宣传片受众的心理需求，把城市中有建构意义的理想形象更具体、集中地展现在受众面前，从而实现城市形象从在地到全球的"跨文化"书写。

毋庸置疑，城市形象宣传片本来承担着展示中华优秀传统文化、塑造中国形象的功能，它是展示城市文化的重要艺术路径，也是提高中国城市世界知名度和影响力的重要手段。然而，我们的城市形象宣传片在"跨文化"表达上还有待提高。当前中国的每个城市几乎都在制作自己的宣传片，并不断加大资金投入，但是面向海外的跨文化城市形象宣传片寥若晨星。究其原因，在于其在构建城市形象宣传片时缺乏跨文化意识和中西文化差异认知。由于中西语言、文化、意识形态的差异及西方受众对中国印象的固化等，西方受众对中国城市形象的看法与国内受众完全不同。很多中国城市形象宣传片制作者错误地认为，只要在城市形象宣传片中加入外文字幕或僵硬地安排几个外国人士便能吸引外国观众。此种做法无法从根本上解决中国城市形象宣传片在外国的"水土不服"问题。

2014年，苏州从36个被提名的世界城市中脱颖而出，被授予2014年"李光耀世界城市奖"，即城市规划界的"诺贝尔奖"，苏州也凭借这次获奖取得了2017年世界城市峰会的举办权。尽管苏州能获此殊荣在很大程度上归功于其合理的城市规划和良好的城市管理，但极具跨文化功能的苏州城市形象宣传片的积极推动作用也不可忽视。

苏州申报"李光耀世界城市奖"的宣传片从西方城市发展理论出发，聚焦该奖项设立的四大评价标准：可持续性（Sustainability）、宜居性（Liveability）、城市活力（Vibrancy）、城市生活质量（Quality of Life），充分体现了该宣传片的国际化和跨文化特征。而此次苏州城市形象宣传片构建了苏州城市在国际上的形象，并与上述城市发展的理论相符合，得到了世界城市奖提名委员会主席马凯硕（Kishore Mahbubani）的认可。申报的宣传片重点强调了，在保留苏州古城的同时，通过建设苏州新城使苏州城市既具有文化底蕴又充满现代城市的活力。正如片中世界城市奖提名委员会主席马凯硕所言，"苏州在城市规划方面着眼全局，在历史文化的保护、苏州经济发展和古城保护三方面取得了平衡，使苏州成为一个宜居而又充满活力的城市，具有令人自豪的城市特色，其城市发展模式值得其他城市和国家学习"。片中苏州市市长自信地道出了苏州通过数十年的努力，在文化保护与传承、生态系统修复、经济优化和提升、社会保障与和谐等多个方面取得的令人赞叹的成绩。苏州市市长的感言充分反映了苏州城市规划与发展符合城市发展的城市生态观、社会公平观和社会文化可持续发展观的世界城市发展理念。

苏州申报"李光耀世界城市奖"的宣传片通过各种手法拍摄苏州的小桥流水、江南风韵，将清雅素洁的苏州城展现在世界面前。画面中，苏州人一边对昆曲、评弹等传统文化痴迷和回味，一边却又过着现代舒适的生活，这充分体现了苏州城古老而又现代的魅力。自从苏州与新加坡合作开发工业园区以来，苏州经济发展模式从苏南经济模式朝外向型经济模式转变，苏州新城便是该转型结出的硕果，宣传片中展现的高新技术产业和现代服务业充分展现了苏州新城的创新、生态、活力。苏州用20年不到的时间建设成功的、可持续发展的综合商务城区与千年古城和谐交融，充分展现了苏州站在建设世界城市的高度，创建了令世界人民向往的"人间天堂"。

此苏州城市形象宣传片的跨文化性还体现在其字幕和相关说明的全英文标注上，无论是对市长叙事声音的英文翻译、片中英文解说，还是世界城市奖提名委员会主席马凯硕对苏州入选世界城市缘由的英文阐述，不仅克服了宣传片在国际传播中的语言障碍，而且通过片中英文叙事声音、马凯硕的西方身份和西方关于城市阐释的叙事声音，拉近了象征中国城市文化的苏州与世界各国尤其是与西方国家的受众的距离。

苏州城市形象宣传片为我国其他城市构建跨文化传播的宣传片提供了一个范本，跨文化城市形象宣传片的构建需要基于中西文化的差异，既要站在城市形象宣传片受众国家的生活观、社会观、文化观等多个角度，同时也要充分保留中国城市的特色。民族文化才是城市形象宣传片跨文化的灵魂与核心。制作符合其他国家受众接受心理和预期的跨文化城市形象宣传片，还需要关注宣传片语言的翻译和国际代言人的选择。此外，中西方学者的城市规划理论也是中国城市形象宣传片在设计和制作中需要兼顾的。中国跨文化城市形象宣传片唯有充分展示西方人视域中希望看到的城市形象，才能吸引他们的注意力，他们才会有前往中国城市生活、工作、投资的冲动。

第二节　流动式传播与"自在苏州"的物质载体

一、网络媒体：城市印象的快速构成

按照马歇尔·麦克卢汉（Marshall McLuhan）的媒介理论，只有当媒介注重人性化和高传播性，它才能指引着媒体走上新的平台。新媒体是以互联网技术、数字技术和移动传播技术为基础的新的传播媒体。相对于传统媒体而言，新媒体更注重开放性、互动性和共享性。传统媒体的播放时间和播放频次受多种因素的严格制约，而在网络空间中，受众则可以随时随地从海量的信息中搜索自己感兴趣的内容。在新媒体面前，受众对于信息来说有更多的主动选择性。因此，城市形象宣传片的创作和传播也必须充分符合网络时代的规律，重视头部媒体、借助新媒体优势、建立互动平台，实现城市印象的快速生成。

1. 重视头部媒体，促成"自在苏州"的大范围辐射

头部媒体就是指有广泛群众基础，有非常大影响力的媒体，如中央电视台、《人民日报》《光明日报》等。这些媒体不管是电视媒体，还是纸质媒体，抑或是互联网媒体，都有较广泛的受众群体。比如，由著名导演李少红团队执导的苏州城市形象宣传片，自2016年3月起面向全国征集"苏州城市形象广告语"，并最终确定为"人间天堂，自在苏州"，"人间天堂"地域识别度高，是关于苏州最脍炙人口的广告语；"自在苏州"不仅自在于形，更是自在于心，可以说是在人文和精神层面对苏州全新的独特定义。之后，宣传片以两个30秒版本，在中央电视台综合频道、新闻频道《朝闻天下》和国际频道《海峡两岸》栏目播出。片中，姑苏区的七里山塘、虎丘、寒山寺，工业园区的金鸡湖，昆山市的周庄，吴江区的同里古镇，常熟市的虞山、尚湖，吴中区的太湖山水，以及昆曲、园林、苏绣等丰富的

文化遗产一览无余，尽显鬼斧神工之技艺，使苏州形象在短时间内得到高质量的展示，让全国观众看到了苏州最具代表性的文化和城市符号。2020年，苏州城市形象宣传片《苏州都挺好》登录中央电视台新闻频道《朝闻天下》栏目，东方的昆曲与西方的交响乐和谐共鸣，园林、古镇与都市气象情景交融，太湖的自然风光与现代地标建筑交相辉映，浓缩苏州元素，萃取文化精华，向世界展现自在自为的苏州形象。

2. 借助新媒体优势，实现"自在苏州"的网络传播

传统媒体的传播模式是单向线性的，而网络新媒体的传播模式则具有交互性和信息开放共享的特性。新媒体语境下城市形象宣传片的传播，必须通过电脑、手机、移动媒体等方式进行推广，让受众实时关注城市、了解城市。比如，《相守一城》《新愿》《以想象创造未来》《只有江南·苏博里的文物》等苏州城市形象宣传片在哔哩哔哩（简称"B站"）、优酷、爱奇艺等平台播出，反响巨大。苏州相城区形象宣传片《相守一城》以"相守一城"为主题，以"数字化"为线索，通过强特效和原创音乐，以"活力相城""美丽相城""人文相城""数字相城"四大篇章，全面呈现相城的江南味、未来感、国际化。张家港高新区（塘桥镇）创制的《新愿》以庆祝改革开放45周年为基调，展示鲜活的人物形象、写实的年代感及燃情的拼搏精神，反映塘桥人在改革开放的大潮中奔流涌动、积极探索、不断创新的精神，呈现一座江南小镇的蝶变心愿。《以想象创造未来》聚焦1994—2022年的园区巨变，展示园区从水塘洼地到创新之城、非凡之地的历史变革及苏州城东的沧桑巨变，苏州工业园区这片非凡之地在无限的想象中创造了惊人奇迹。《只有江南》系列立足苏州博物馆，深耕江南文化的传统，精选秘色瓷莲花碗、宋画斋、《七君子图》、"龙宾十友"集锦墨、紫檀镶金丝鸟笼、忠王府彩绘、刺绣蟠金嫁衣7件文物，体现地域历史、审美水平、"非遗"技艺、收藏传统。通过文案讲述、专家解读、技艺展示，还原文物的前世今生，共同呈现江南文化的历史渊源和创新传承。这些苏州城市形象宣传片登录网络平台后迅速引起强烈反响，尤其是以ACG［Animation（动画）、Comics（漫画）、Games（游戏）］内容创作与弹幕互动出圈的B站，把自己的网站类型定义为"年轻人潮流文化娱乐社区"，推动苏州城市形象宣传片在年轻观众群体中广为流传。

3. 建立互动平台，提高"自在苏州"的话题讨论度

城市形象宣传片创作者应建立互动平台，鼓励受众在其上抒发个人情感，还可以借助微信、QQ、微博等进行全方位宣传，用受众的评价来提高城市的口碑，最终实现提高城市形象宣传片质量的目标，并在此基础上树立良好的城市形象。比如，《又见吴中》登录各大平台之后，"苏州发布""吴中太湖文旅""苏城新媒体"等微博账号便随即发布了相关推广，评论区中，"哪天苏州请我代言就好了""好美，醉美吴中"等互动留言纷纷涌现，一时间在网络上产生了不小的反响。尤其是韩雪作为苏州人参与拍摄，以她重回故乡参加婚礼为线索，她的足迹遍布金庭（西山）、木渎、甪直古镇、东山等吴中多个著名景点，画面大气、唯美，人文气息浓厚，引起观众强烈认同。再如《人间天堂　自在苏州》更是得到了海外受众的关注，新加坡音乐人梁文福先生为其创作主题曲《自在苏州》，以2/4拍的节奏表现苏州不疾不徐的自在生活步调。《自在苏州》歌词中的每一个"你"都是指苏州，所以即便我们把这首歌当作情歌来听，也可算得上是唱给苏州的情歌。"那么自若自开自如自在，经过我脑海，就好像苏州的风采。那么自去自来自由自在，住在我心海，你是我陶醉的意外。"歌曲中的这一段最让人惊艳，最具有标志性。音符高低错落、有序有致地连贯起来，就像苏州的丝绸一样柔滑顺畅，同时也为歌曲注满了灵气。歌词中"自若自开自如自在"和"自去自来自由自在"也将"自在"的含义用文字的趣味加以解读：有主人的"自若自开"，有过客的"自去自来"；有生活气息"自由自在"的舒适度，也有生活状态"自如自在"的存在感。

虽然传统媒体依然保持着自己的主流地位，但是其势力不断被新兴媒体冲击。越来越多的传统媒体也走上了改革融合的道路，新老媒体的交融互助促使全媒体时代的到来。城市形象宣传片在传播媒体的选择上应该重视网络媒体和新型的社交移动媒体，抓住网络传播的特点，制作适合网络传播的城市形象宣传片版本。

苏州城市形象宣传片的发布配合了大量的媒体报道，制造话题热点，打响知名度。苏州城市形象宣传片要想在社交媒体上取得良好的宣传效果，不仅需要有话题性或者媒体配合报道以引起受众的注意并引发讨论，而且也要注意平台更新，充分利用新型社交媒体，紧跟受众社交媒体的使用习惯。如此，则可以提升城市在网络上的知名度。

二、多平台投放：碎片时间的有效整合

传统的影视媒介，要求受众集中注意力，在一个固定的封闭空间里专注地观看。电视媒介则开启了一种客厅式的观看模式，对叙事要求相对不高，主要以人物对话为主，故事节奏慢，呈现出日常性、随意性和重复性等特征。而随着短视频时代的到来，受众"时间稀缺"，更加没有完整的时间来观看影视剧，在时间上呈现碎片化特性，在空间上打破了影院式与客厅式等空间的局限。在泛娱乐化的后现代社会中，移动媒介以其碎片化、个性化的传播特质，消解了传统大众媒介的中心霸权地位，扭转了受众以往全然被动的地位，传播主体在观念上自觉地转到了"受众本位"的立场上来，迎合受众的审美旨趣和观影需要。城市形象宣传片的创作也有意识地遵循媒介传播规律，通过建构适合受众观看的故事、制造吸引受众注意力的眼球经济来迎合并取悦受众，抢占受众的碎片时间，以此获得他们的心理认同与情感共鸣。

在以往的大众媒介传播过程中，受众基本处于"传—受"双方的附属位置，缺乏表达话语的途径和渠道，因此，他们的话语通常表现出碎片化特征，稀疏而又不集中。而移动媒介无疑具有强大的交互功能，苏州城市形象宣传片越来越注重多平台投放，让观众直接拥有了点赞、吐槽和转发的权利，他们在观看的同时不仅可以自由发言，而且还可以浏览其他用户的评论，从而使原本碎片的话语得以串联起来。多平台投放可扬长避短，互为补充，如可以在电视媒体中植入网络媒体渠道，可以关联社交媒体QQ、微信、抖音等；在网络媒体上标注关联的电视媒体名称、播出时段等。由苏州广播电视总台拍摄的《美丽苏州》也是传播最为广泛的宣传片版本之一，视频内容在多平台、多渠道同时发布，形成多维化传播链。该宣传片于2017年发布，受众观看后主动评论、点赞并进行二次传播，截至目前仍然可在各视频平台上看到有网友转发，传播时效大大延长。因此，城市形象宣传片的发布不仅要整合媒体资源，多渠道传播，还要关注传播渠道间的引流，形成传播链，利用融媒体多维传播提升其传播效应。正如约翰·菲斯克（John Fiske）所说，"电视是人们喜闻乐见的，它能给不同的人提供不同的快乐，它的文本及接受方式的特点，使我们得以积极参与被我

称为'文化'的意义生产过程"[1]。只有让受众最大限度地参与影像的意义生产，释放潜藏于自己内心的碎片话语，才能使城市形象宣传片获得更多的流量、粉丝及价值效益。

我们都知道，"（讲）故事"既是叙事作品的关键，也是叙事内容的核心部分，怎么讲故事甚或是怎样讲一个好故事更成为吸引受众的重中之重。任何叙事都有一个讲述的机制，同时又呈现被讲述的世界。对于城市形象宣传片来说也是如此，如何运行"讲述的机制"，呈现"被讲述的世界"对其意义重大。一方面，从叙事时间来看，城市形象宣传片讲述的故事必须精短。碎片化的观影方式不容许受众花费过多的时间进行观看，城市形象宣传片必须在短时间内展示城市形象，并尽可能地呈现精髓和触点。如《只有江南》系列中的《虎丘秘韵》《玩乐里的精致》《墨竹的气节》等篇章时长均为5分钟左右，《人间天堂　自在苏州》也是先以30秒的先导片在中央电视台播放来博得受众的眼球，《美丽相城》时长约2分钟，《美丽苏州》时长约6分钟，《又见吴中》时长稍长一些约10分钟。受众的碎片时间都极为短暂，城市形象宣传片精短的叙事可以让他们在短时间内欣赏苏州城的人文风情。另一方面，从叙事结构来看，城市形象宣传片大量采用散点叙事结构。不同于线性叙事和非线性叙事，散点叙事的时间线并不完全连续，表现出片段叙事与不连贯性，受众在任何一个时间、空间都能点击观看。这主要归功于城市形象宣传片的空间结构，一般以空间的转换来架构作品的基本脉络。如《美丽相城》以皇罗禅寺、御窑金砖、元和缂丝、渭塘珍珠等定位不同的空间，简单的叙事结构能让受众花更少的时间去欣赏相城美景，因此，也更容易被受众接受。

然而，创作者无论怎么讲述故事，其获胜"筹码"都莫过于在受众中形成一种"眼球经济"。在当下社会，各种信息纷繁芜杂，传播方式多种多样，媒介形态多元融合，受众普遍变得焦虑、缺少耐心，当大量的信息与剧种形态扑面而来时，他们难免变得麻木。而在碎片化语境下，谁能真正制造"眼球经济"来吸引受众的注意力，谁就能获得主动权。移动媒介具有便携、实时和互动等的特点，这些都有利于城市形象宣传片在碎片化传播语境中获取"注意力"资源，赢得核心竞争力。融媒体时代，随着传统

[1] 约翰·菲斯克. 电视文化[M]. 祁阿红,张鲲,译. 北京:商务印书馆,2005:30.

媒体和新兴媒体在内容、渠道、管理等方面的深度融合，以及受众接收信息方式的变化，城市公共形象的传播思维、传播手段和传播生态等发生了深刻变革。在这样的背景下，城市形象宣传片的制作和播出不再局限于传统电视媒体，新媒体平台开始成为城市形象宣传片新的制作中心和传播渠道，这极大地拓展了城市公共形象对外传播的覆盖力和影响力。比较典型的是楼宇电视，楼宇电视是一种"等候经济"和"注意力经济"，它的成功在于抓住人们等候电梯这一无聊的时间空当以传递信息。它针对的主要是高收入、高学历、高消费的白领阶层，利用他们的空闲时间播放与之相匹配的时尚信息和时事新闻等。楼宇电视的成功推广给国内的媒体发展开辟了一个新的领域。

三、LED 屏幕：城市街角的跨屏之魅

户外视频媒体是一种结合科技与艺术的新型媒介形式，其发展势头持续走高。自北京奥运会开幕式使用 LED 屏幕展现精美绝伦的画面之后，全国各地的户外视频媒体崛地而起，成为城市景观中一道亮丽的风景线，让市民感受到城市街角的跨屏之魅。所谓"户外视频媒体"，其播放的视频主要以图文、动画、影像为表现形式，具备视觉冲击强、地理位置固定、目标受众明确等特征，由此受到广告公司、宣发单位等部门的重视，成为当代城市景观不可或缺的组成部分。对于苏州来说，其城市化进程已经进入白热化阶段，目前正处于建设"国际化大都市"的转型期。面对新的机遇和挑战，苏州需要在历史与现代、保守与创新的碰撞中厘清各方面问题，结合城市的发展规律，把牢发展的目标航向，在资源整合中塑造、传播城市形象，力求在新一轮的城市化浪潮中立于不败之地。因此，传播苏州文化、培植城市精神，成为苏州城市整体发展的重中之重。作为城市经济和城市形象的组成部分，户外视频媒体可以成为苏州各类城市形象宣传片的物质载体，其社会效益和功能日益凸显。

具体而言，户外视频媒体是一种借助安装在机场、车站、外墙或独立安置在繁华街道等各种户外环境下的显示屏，来播放动态的影像广告或者静态的平面广告的媒体形式。它综合微电子、光学、信息处理、视频媒体等多种现代高科技技术手段，具有节能环保、色彩丰富、视角广及动态静

态相结合的优点。相较于广告牌、灯箱、车体广告等一般的户外广告媒体，户外视频媒体兼具动态视频和静态广告，可持续性地播放广告，承载的内容量大，传播效率高。在技术不断成熟的前提下，户外视频媒体的成本也随之降低，具有明显的优势。可见，作为一种综合科技和艺术的户外视频媒体已经成为户外媒体广告的主流。目前，苏州观前街、石路国际商城、吾悦广场、东方之门、龙湖天街、景德路口邮政大楼、人民商场旁电影院、豪仕登大酒店等地都装有 LED 电子屏，除了不间断地播放各类广告之外，《美丽苏州》《人间天堂 自在苏州》等苏州城市形象宣传片也都先后亮相过。这些户外视频媒体和建筑物浑然一体，不占用商业体的额外空间，同时还能增加建筑物的色彩和亮度。对于城市建设而言，大画幅、动感化、色彩绚丽的广告、宣传片不仅可以吸引市民的注意力，而且也可以更好地塑造现代化的苏州城市形象。

　　更重要的是，凭借可流动的 LED 屏幕，苏州城市形象宣传片走出国门，成为文化输出的重要载体。当代中国的发展强调把对人类健康向上发展的有价值的内容加以文化输出，坚持原创，聚焦中华优秀传统文化，塑造能够代表中国、中国人民乃至民族文化的形象。苏州城市形象宣传片作为苏州文化的一隅，其走向世界的过程就是中国文化输出的过程，这在很大程度上实现了中国形象的对外传播。2012 年，《美丽中国·家在苏州》城市形象片在英国希思罗机场、法国戴高乐机场、德国法兰克福机场等欧洲三大枢纽机场电子屏正式上线，后又在美国纽约时报广场大屏精彩亮相。众所周知，美国纽约时代广场被称为"世界的十字路口"，是吸引全球目光的最佳窗口之一。苏州城市形象宣传片的国际推广，不仅扩大了苏州的国际知名度和美誉度，而且也促进了中国形象的国际传播。这部城市形象片以"苏州，一座2 500年的城市"为主题，用画家笔下鱼的形象，串起小桥流水的平江路、缥缈虚幻的冠云峰及傲然耸立的虎丘塔，俨然一幅"古典与现代相融、经济与社会协调、自然与人居相宜"的当代《姑苏繁华图》。在纽约时代广场霓虹纷呈、光影婆娑的背景下，更加凸显中国文化的淡然优雅和苏州城市的独特气质。2015 年，在第 53 届世界乒乓球锦标赛倒计时 500 天之际，充满动感活力的苏州城市形象宣传片同样亮相纽约时代广场电子屏。该片以"古韵今风"为主题，以一只炫目的三维乒乓球为切入点，勾连起苏州的人文景观、市井风貌与现代建筑，制作者以快速剪辑的方式呈现园区的摩天轮、文化艺术中心、苏州博物馆、李公堤、东方之门、金鸡湖等著名景点，同时融入乒乓球队员的练习、对打、比赛等场景，情景交融，别开生面。不难发现，作为文化产业重要组成部分的户外视频媒体，其本身的发展就是对城市人文形象的推进，它能完善城市文化产业体系，促进城市文化的发展，同时提升市民的文化素养和审美情趣。

  作为媒体，户外显示屏向市民和外地游客展示了城市风貌和城市文化。大屏幕在一定的空间内与城市景观规划、商业街区的布局相互融合，点缀城市景观，成为城市形象设计的视觉亮点。苏州户外视频媒体的设置与城市环境景观设计交相辉映的美景，东方之门的大屏幕在夜晚折射出流光溢彩的光芒，衬托出苏州地标的繁华。苏州城市形象宣传片的播放，则让"自在苏州"的形象更立体、生动。造型别致、颜色鲜亮、画面丰富的大屏幕与现代建筑物和繁华街道形成统一和谐的风格，为城市景观增添了动感美与韵律美。从某种程度上来说，城市形象宣传片成为城市人文形象的缩影，而城市人文形象引导城市未来的发展，彰显城市的个性魅力。城市文化本身是触摸不到的，但是可以通过实实在在的物质载体予以呈现，而户外视频媒体便是城市的"窗口"，宣传片则是城市的"眼睛"，它们共同组成城市的视觉形象载体，构建、传播城市的人文内涵。

第三节　宣传片建构城市形象的媒介反思

一、同质化的媒介意象

媒介意象的同质化问题不仅体现在同一城市形象宣传片的创作中，也体现在不同城市形象宣传片的制作中。我们可以以问题比较典型的重庆城市形象宣传片为例。纵观重庆城市形象宣传片的创作，在意象选择上无一例外地使用了渝中半岛、长江索道、长江大桥、解放碑商圈、磁器口、火锅等，这些元素固然是重庆文化的表征，但是这些媒介意象在历年宣传片中出现时基本采用了相似的叙述方式和镜头角度，致使观众产生审美疲劳，这也足见重庆城市形象宣传片创意的贫乏。实际上，一座城市的历史必然由一个个元素组成，关注到典型元素予以创作本无可厚非，但是不能因循守旧，要有所创新，尝试从文化视角进行深度挖掘，让观众在熟悉的场景或元素中获得惊喜之感。

具体而言，部分城市形象宣传片在呈现典型元素时往往会过多地使用航拍的空镜头，简单地以技术手段弥补对城市内涵的挖掘，既不考虑镜头与镜头之间的蒙太奇美学，又不考虑观众是否会在影像叙事中获得审美体验。譬如 2019 年的《大美重庆》，开头的很多画面甚至都与 2018 年的《行千里·致广大》一模一样，2011 年的《重庆，非去不可》中还直接使用了 2006 年《重庆奇迹，一起参与》和《美不胜收，我的重庆》中的片头和片尾。同时，音乐的重复使用也会降低城市形象宣传片的品质，比如，重庆 2010 年城市形象宣传片《太阳出来喜洋洋》和 2016 年城市形象宣传片《重庆，一直等你》连续使用了重庆民歌《太阳出来喜洋洋》作为背景音乐，2014 年成都城市形象宣传片《成都》也使用了这首歌。无独有偶，这些城市形象宣传片不约而同地使用火锅、川剧、古镇、商业街等元素，且很多镜头都出现"雷同"或者"串场",这种同质化倾向会大大降低城市文化的传播力度。

重庆城市形象宣传片中的问题也有可能出现在苏州的城市宣传片中。苏州兼具传统与现代的双重特质,不仅是人文底蕴厚重的历史文化名城,而且是商业经济繁荣、科技水平较为发达的现代之都,这对于城市形象宣传片的创作来说是比较困难的,最为常见的问题便是宣传片主题定位不明确,创造性不高。从已有的作品来看,苏州城市形象宣传片选择了与杭州、南京、西安、成都等同类型城市相同的创作思路:用快速剪辑或表现蒙太奇的方式交替呈现城市的文化古迹、地标建筑、知名景点等;融合一座城市的人文性与现代性,并用大量的城市视觉符号予以景观积聚。这看似是聚焦了苏州城市的多面性,实际上却缺少独特性,走向了同质化。将文化古迹与都市标志建筑交替呈现,将人文历史、传统工艺与现代城市生活场景融合,集合大量城市经典视觉符号来体现城市的多面性,最终导致宣传片定位模糊,缺少差异性。专业影视公司的拍摄制作虽带来了高技术拍摄手段,但也带来了商业化制作模式——许多城市形象宣传片都采取了宏大叙事方式,乐于展现大都市的夜景灯光、车水马龙、高楼林立等。同质化拍摄手法淡化了苏城独具特色的地方文化,对本地居民而言,宣传片中出现的熟悉场景在生活中时常可见,较易引起共鸣;但对从未到访过苏州的异地观众来说,想要在短暂的影片观赏过程中强化城市品牌印象似乎并不容易。

大多数城市形象宣传片的同质化现象较为严重,通常是拍摄当地的高楼大厦、名胜风景等,重视觉效果而轻理性诉求,未能凸显出城市的特色,忽略了亮点,平淡无味,难以给观众留下深刻的印象。从内容上看,"地理区位+文化历史+产业发展"是城市形象宣传片的"三部曲",刻意追求全面完备;从表达上看,"航拍远景+高饱和色调+人物笑脸"凑成了城市明信片,消解了城市文化的丰富性与独特性。更棘手的是,许多城市在形象宣传片的创作上陷入片面宣传、包装旅游资源的误区,一味追求宣传片的经济效益。在作品中过多地宣传旅游景点、饮食物产、硬件设施等旅游要素,对于区域内独具特色但开发难度较大的历史文化 IP 往往避而不谈。城市形象宣传片一般只有几分钟的视觉呈现时间,势必不能面面俱到地展示城市历史文化,但只要抓住一两个具有典型性的元素,进行深度挖掘和阐释，就能吸引受众的注意力，给受众留下深刻的印象。在消费升级的当下，城市"媒介意象"的构建必须积极回应受众的心理期待，注重对城市厚重历史文化的深度解读，尤其是独树一帜的地域性标签。如苏州方言、平江路、观前街是受众提到苏州时立马会关联上的要素，这些要素就是苏州独有的地域标签。因此，未来城市形象宣传片的创作可以尽可能观照受众熟悉的元素，展示独属于某座城市的"媒介意象"，从而赋予其独特的意义。

二、单一重复的镜头语言

纵观苏州城市形象宣传片乃至其他城市的形象宣传片，另一个通病在于镜头语言单一，重复使用航拍、远景、中景镜头和延时摄影镜头。这些镜头语言的使用确实可以使城市中的景点、建筑呈现出壮观的气势，给观众以强烈的视觉震撼和冲击感。但如果在一部宣传片中大量使用这些镜头语言，过度追求给观众带来视觉冲击，不仅会让观众产生视觉和审美疲劳，还会给观众一种宣传片的形式大于内容、言之无物的感觉。拍摄制作手法单一也造成了城市形象宣传片形式和风格上的同质化，城市精神文化的内涵被掩盖，观众难以在雷同的城市景观建筑中区别出城市之间的差异，洞见城市的个性。重庆的几部宣传片中的问题便是前车之鉴。从《重庆，一直等你》《行千里·致广大》《大美重庆》这三部时间接近的宣传片来看，航拍镜头下的三峡、石宝寨、金佛山、白帝城等景区，气势磅礴、蔚为壮观；延时摄影中的渝中半岛、解放碑商圈、朝天门广场、洪崖洞等，光影变化莫测、光怪陆离，带给观众震撼的视觉享受。但观众看完会有一个疑问：这三部宣传片有什么不一样吗？答案是显而易见的。镜头语言单一重复的趋势会导致观众观看多个不同城市的形象宣传片后，难以将镜头画面呈现的风景与城市景点对上号，只能感叹祖国的大好河山美不胜收。

城市形象宣传片如果没有创作者的精心策划，那么影片中许多的建筑风景只能是简单展现，只是一种形式主义，促使观众的观影感受不断下降。2018年，"苏州大米"品牌形象标识、推广语发布，在同年9月苏州市首届农民丰收节的开幕式上，《苏州大米》形象宣传片正式亮相，"苏州大米"这一品牌也正式与大众见面。这是一部展现苏州实力的宣传片，宣传片开头介绍有"江南水乡"之称的苏州全貌及交通工具，由于合适的温度，苏州成为国家的水稻基地；宣传片结尾部分介绍苏州的文化和旅游资源，并用影像方式探析苏州崛起的原因。然而，从政府宣传片角度来看，这是一种宣传片的常规手法，虽然看似内容完整清晰，但是叙事艺术较为普通，未能给观众带来感官上的冲击。从内容深度来看，宣传片也只是处于一种宣传的状态，缺乏必要的故事性和贯穿线索，主题不鲜明。这样的现象并不是"孤例"，许多城市形象宣传片都多多少少陷入此种创作窠臼。久而久之，城市形象宣传片就出现了相似的城市街道、相似的人物动作、相似的镜头处理方式，镜头语言单一重复的现象越来越严重，莫此为甚。

其实，城市形象宣传片强调主题鲜明、画面精美、剪辑流畅，处处要体现出自然、亲切、美感。为了提升画面的表现力，宣传片在拍摄时采用专业摄像机，利用广角、长焦、鱼眼镜头，配合大小摇臂、轨道等设备多角度进行拍摄，使画面更有层次和感染力。苏州城市形象宣传片中常常出现波光粼粼的金鸡湖、湛蓝的天空、独树一帜的古镇、临水而建的建筑等，大气唯美的镜头与画面冲击受众的心灵，展现了苏州"宜居、宜业、宜游"的特色。为了增强城市的吸引力，在画面剪辑处理上，创作者需要突破传统的表现手法。在宣传片《美丽苏州》中，笔者在创作脚本的时候采用意识流的手法，展示了苏州悠久的历史文化和现代的都市风貌，以及优美的自然风光和蓬勃的经济活力，给观众以新的视觉影像观感体验。采用一些生动的、饶有趣味的特写镜头，减少大画面、大场景，展示城市细节、城市精神及普通居民的生活状态。

苏州在影视剧植入营销时要以消费者为导向，要充分考虑城市意象、影视剧营销渠道和观众的特性与关联度，要在充分了解受众喜好和文化解读能力的基础上进行恰当植入，以免适得其反。城市意象的选择不仅要有辨识度、标志性和个性，更要能够承载较多的城市文化内涵，能够与电影情节、人物和台词深度融合。具有城市植入营销性质的电影要与城市政府部门充分沟通，构筑能够提升影视剧视听语言浅层语义的语境，丰富城市意象在能指意义上的内涵。

影视文本的生产要符合观众的期待，满足观众的心理需求，引起情感共鸣，进而增强观众与电影和城市的黏性。

三、相对滞后的传播观念

在自媒体迅速发展的当下，受众面对城市形象宣传片输送的信息时注意力并不集中，仅仅停留在使用短时记忆对信息进行初步加工。在这种情况下，城市形象宣传片当中诸多雷同的传播符号相比受众所接收的其他刺激性信息很难唤起大脑皮层的兴奋度，也就谈不上吸引受众的有效注意，受众仅仅只是被动地接受着宣传片对信息的单方面输送。城市形象的塑造是一个长期的系统的工程，城市形象宣传片作为传播城市形象最有力的工具之一，目的在于构建和传播城市形象，进而为城市带来某些现实增益。因此，不论是城市形象还是城市形象宣传片的传播，在确立某一城市形象的目标后，应该制订一个长期的、综合的传播规划，同时设立阶段性的传播目标，一步一步朝既定的城市形象靠近。而目前城市形象宣传片比较大的问题是相对滞后的传播观念，宣传片在传播渠道的选择上片面追求权威性，大大降低了宣传片的传播范围和效果，电视台等权威媒体的受众已经大量流向新媒体，单单只选择这些传播渠道会缩小传播覆盖面、减少受众接触比率。

因此，在城市形象宣传片的传播过程中，一方面，要培养网络意见领袖，实现 N 级传播，强化传播效果。传播学中，把活跃在人际传播网络中，经常为他人提供信息并提出观点或建议的人称为"意见领袖"，他们是一个社群中信息和影响的主要来源，不仅能够对他人施加个人影响，还能左右多数人的态度倾向。通俗地说，意见领袖是介于媒体与受众之间的"中间人"，他们是二级传播模式存在的假设基础。从特点上看，意见领袖作为中介对大众媒体接触频度较高，拥有较多信息渠道，因而通常对某些社会议题了解得更加明晰，也更愿意或更主动地对接收的信息进行再框架与再传递。新媒体从理论上讲并不抵触意见领袖的存在，并且因为其特性催生了更多的草根意见领袖，加上传统意见领袖的能动性转移，致使网络意见领袖的多样性、分散性逐渐取代了传统意见领袖的垄断性、单一性。虽然新媒体为传播者与受众的直接接触提供了可能，但当受众面对自己不熟悉或未接触过的议题时，仍倾向于从可信度较高的第三方获取信息。《君到姑苏见》发布当天，经过名人和网络"大V"的转发，该宣传片突破了一亿次播放量。问卷调查结果也表明，超过86%的受访者观看苏州城市形象宣传片《君到姑苏见》是因为亲友或关注的网络名人的推荐。

由此可见，苏州在未来的城市形象宣传片的传播中，可以通过培养起一批具有影响力的网络意见领袖，通过他们对城市相关信息的"接收→再传播"扩大传播范围，提高受众接受度，进而使城市形象媒介文本获得更好的传播效果。当然，从零开始培养网络意见领袖需要花费巨大的时间、精力和金钱成本，一种较为便捷的途径是与已经具有一定粉丝基础的明星、公知或网络红人建立合作关系，尤其是具有地域属性的，可以请他们担任城市形象宣传片的推广大使，进行城市形象宣传活动。如苏州籍影视明星韩雪（截至2022年12月30日，其微博粉丝超过1 200万）2018年11月1日于微博上发布了一则短视频，内容为以某品牌手机拍摄的苏州丝绸、园林等，画面十分精美。该条微博发布的主要目的虽是宣传手机拍摄功能，但粉丝的注意力竟转移到了偶像家乡的美食美景上。该条微博转发量超过100万次，评论超过48万条，粉丝在转发评论中大呼"苏州太美啦""一定要去苏州"。与名人进行合作的好处，除了因为"粉丝效应"可以获得良好的传播效果外，其粉丝还会自发进行"再传播"活动，使得议题经过N级传播后，不断累积传播效果。此外，粉丝中的"大V"除了会对议题进行"再传播"外，还会时刻把握议题的走向，消除传播过程中负面言论对议题和偶像的影响。

另一方面，要采取受众细分传播策略，实行"受众导向"式传播。随着受众兴趣的多元化和新媒体的发展，受众的信息需求越来越呈现个性化特征。但随之而来的是，各种应用软件都开始记录用户的使用习惯和浏览内容，通过用户画像进行精准的内容推送，甚至还衍生出了许多只为某一特定族群提供信息产品和服务的软件，如美妆类。受众细分在信息传播中越来越被频繁地提及，其标准和原则多种多样。受众细分是传媒产业融合发展的必然产物，其产生的原因除了受众群体的分化和受众信息需求的多元化外，还在于受众注意力具有局限性，使其在当下"信息爆炸"的媒介市场中成了媒体争抢的稀缺资源。对于媒体而言，"受众即市场"，要想持续性地占据受众市场，就必须提供可以满足受众需求的信息产品和服务，提高受众的黏性和忠诚度，以谋求更长远的发展。城市形象宣传片的传播也是一样，想要持续性地引起受众的关注，就必须为受众提供他们感兴趣的内容，并且为了获得更好的传播效果，必须采取受众细分的精准传播策略，实行"受众导向式"传播。其中，既包括对受众群体的细分，也包括针对不同群体的传播内容生产的细分。受众群体的细分，即针对某一城市形象宣传片，在尽量扩大其辐射范围的基础上，集中力量针对某一想要吸引的群体进行传播。内容生产的细分，即要根据不同的受众群体的兴趣偏好，在城市形象宣传片创作上有针对性地进行内容呈现，并根据他们的媒介使用习惯进行投放。

《君到姑苏见》的问卷调查结果显示，参与问卷调查的对象年龄段主要在18—30岁，占比达74.26%；学历集中在专科、本科和硕士研究生，占比达71.52%；观看《君到姑苏见》的主要渠道为微信、微博、抖音等新媒体平台，占比达77.38%。根据这些数据，我们可以锁定《君到姑苏见》城市形象宣传片的主要受众为18—30岁、受过高等教育的人群，其接触媒介主要是以"两微一端"为代表的新媒体。苏州在后期的城市形象宣传片创作中，可以参考该调查结果，将这一个群体作为核心受众群，有针对性地进行城市形象宣传片的生产和投放。此外，调查发现，受访者最喜欢的城市形象宣传片类型依次为风情片和故事片；受访者认为一部优秀的城市形象宣传片应具备引人入胜的画面、凸显城市独特性且内容恰当的配乐、扣人心弦的情节等要素。这些数据都可以为苏州城市形象宣传片的创作提供参考。

第五章　拼贴式传播：短视频时代的「活力苏州」

第一节 短视频中"活力苏州"的多维显现

一、多元化的"城市话题"

苏州的底蕴从历史上走来,又深深地积淀为百姓的文化心理,化作文化的记忆,熔铸为城市的文化品格。随着短视频的兴起,越来越多的人关注到苏州多元的"城市话题",用自编自导自演的方式介入苏州文化的传播。人们对于苏州城市短视频的关注,也不再简单地局限于传统意义上的市政话题,景观、美食、民间风俗,乃至于对个人生活都有了较高的关注度。

1. 聚焦苏州美食短视频,体验百味人生

古人云:"食色,性也。"对食物的渴望是人的天性所在。随着互联网的快速发展及受短视频内容垂直细分模式的影响,美食短视频应运而生。同时,人们对食物的需求不再局限于单一的果腹层面,而是更加注重美食的审美功能及食物所包含的情感要素与传播的价值理念。作为中国饮食文化的视觉载体,美食短视频正是以优质的影像呈现与价值表达带给受众独特的美食体验。苏州是东部饮食文化中心,是苏式饮食文化的发源地,苏帮菜入选"中国八大菜系","吃在苏州"之说也由来已久。比如,抖音号"攻略苏州"以"带你在苏州吃喝玩乐"为主题,做了关于苏式面的美食短视频。"来苏州不吃面,就不算到过苏州",苏州人的早晨,从一碗面开始。该系列短视频拍摄了同得兴、观振兴、宴杨楼·苏式面馆、裕兴记、万泰兴、苏虞斋、黄桥面馆、朱鸿兴、近水台、姑苏桥·文人苏式面馆等苏州知名面馆,并列举了焖肉面、枫镇大肉面、奥灶面、虾蟹两面黄、三虾面、卤鸭面、爆鳝面、秃黄油面、苏式炒肉面、素面等来苏州必吃的十碗面。同时,苏州小吃丰富多样,有很多特色小吃。苏州有民谣这样唱道:"姑苏小吃名堂多,味道香甜软酥糯。生煎馒头蟹壳黄,老虎脚爪绞连棒。"比如,抖音账号"红苏州"立足苏州美食推荐,曾推出短视频"苏州十大小吃及排行榜",详细介绍昆山奥灶面、苏式鲜肉月饼、苏州糕团、枫镇大肉面、油氽紧酵、卤汁豆腐干、糖粥、酒酿饼、苏州蟹壳黄等苏州著名小吃的基本信息,传播了苏州的美食文化。

2. 立足苏州旅游短视频,开启心灵之旅

在追求"短平快"的时代,短视频成为年轻群体重要的娱乐方式。而各类短视频的兴起,为城市旅游形象的传播带来了契机。在短视频的助力下,不少城市也逐渐晋升为"网红",引发现象级的传播效果,推动城市旅游业的快速发展。可以说,短视频已经成为城市形象宣传的重要媒介载体,让城市旅游形象传播产生"倍增效应"。苏州是一座被文化浸润的城市,有着丰富的文化和旅游资源。苏州着力提升文化旅游城市影响力,以项目开发、优化品质、树立品牌、提升服务为重点,聚焦核心领域,加快文旅产业赶超,拉动文旅消费,全面促进旅游产业融入经济社会发展,提高文旅行业服务监管水平,构建面向国际的旅游格局。苏州旅游短视频在其中也发挥着功不可没的作用。苏州有着丰富的旅游资源,无论是古典园林、水乡古镇,还是太湖风光、现代乐园,都让人流连忘返。抖音号"这里最苏州"就推出了"苏州十大免费景点"的短视频,介绍了山塘街、枫桥、木渎古镇、金鸡湖、甪直古镇、太平老街、千灯古镇、西山岛、锦溪古镇、平江路等景点,配以文案"个个都美成了真江南",让受众感受苏州的魅力。还有"情调苏州"推出过苏州深度玩攻略,列举了"出发地—阊门—泰伯庙—艺圃—唐寅祠(准提庵)""山塘街(早)—虎丘—西园寺—留园—山塘街(夜游)""苏州北塔报恩寺—苏州博物馆—苏州园林博物馆—拙政园—金鸡湖(夜)""狮子林—平江路—耦园—定慧寺—罗汉寺双塔—环秀山庄—城隍庙""文庙—沧浪亭—可园—十全街—网师园"等游玩线路,并通过游玩景点的空镜头和"地铁报站"的同期声,用丰富的视听艺术为受众打造多元化的心灵之旅。

3. 重视苏州方言短视频,寻找地方特色

苏州话,俗称"苏州闲话",长期以来,苏州话都是吴语的代表方言之一,在历史上具有很高的地位。苏州话以软糯著称,素有"吴侬软语"之美称。随着地方文化交融、互动越来越频繁,各地的方言短视频迅速崛起，吴侬软语因其独具特色，使得苏州方言短视频占据一席之地。传播效果最好的即苏州方言教学短视频。疫情防控期间，来自苏州市评弹团的青年演员袁佳颖在网络平台上发布了自己录制的"苏州话小课堂"系列短视频，浏览量突破60万次，点赞评论量多达十几万人次，迅速走红。在视频中，她用标准的苏州话说一到四十的数字，一边用手比画一边教学。之后，她又推出了一期关于姜阳韵与江郎韵的苏州话教学讲解视频。可见，短视频在苏州话的推广、评弹曲艺的传播等方面承载着重要功能。另一位评弹演员周梦白，变身苏州话"网红"代言人，一个人撑起一档"方言节目"。他的短视频账号"梦白说苏"，每天用苏州话"自言自语"，还经常一人分饰两角，一边说说笑笑一边普及苏州话。他的短视频中有这样一些文案，"来一碗枫镇大肉面，这肉放到嘴里入口即化，好吃得打倷耳光都不肯放格，覅忒灵哦……""苏州人吵架，是这个样子的：倷要那哼？ 我覅那哼呀"。覅，即苏州人口中的"不要"。周梦白的短视频，让很多外地网友记住了这个字。苏州话是苏州文化的根，和全国各地的所有方言一样，都是中华文化生生不息的重要源泉。保护和传承苏州方言，固然是"老苏州人"的义务，但说到底，更是所有热爱苏州、热爱苏州文化的人的共同责任。

二、稳定的"新沟通场景"

传统的大众传播提供的是一种"断点连接"，媒体机构与个体之间保持着由"点"到"面"的强连接，而人与人之间，尤其是陌生人之间则是若即若离的关系。以短视频平台为代表的新媒介形态，依托互联网技术形成"网络化连接"，人与人之间逐渐形成了"点"到"点"的强联系，由此产生了社会交往网络。城市短视频则为交往网络提供了城市的空间元素，为受众建构了稳定的"新沟通场景"。基于碎片的传播语境、精简的创作体系及典雅的视觉形式，苏州城市短视频以独有的城市特质，在网络上引发激烈的讨论，并吸引全国各地的人到苏州打卡。

1. 碎片的传播语境

碎片化指的是由于新媒体的出现及社会环境的变化，人们的注意力时长随着媒介的短内容产出而被细分。由于新媒体的出现、电子产品的普及及人们借助手机来满足其追求信息和互动的需要，调查显示，人们的注意力集中时间已经从几年前的12分钟下降到如今的8.25分钟。近年来，随着新媒体的发展，传统媒体正在逐步与新媒体进行资源整合，人们也正渐渐倾向使用新媒体来获取信息。这就导致了"碎片化语境"的产生，即在网络媒体和移动终端日益普及的背景下，互联网用户进入以手机等移动终端为主的新媒体时代。随着科技的飞速进步，在这个互联网时代，人类的信息获取与沟通模式已经被彻底颠覆。人类的阅读习惯也在不断演进，以前只能通过书面形式的文字来表达，如今则可以通过电子媒体来实现。同时，随着移动互联网技术的发展，人们在碎片化时间内对信息的需求量越来越大，因此，大多数人选择利用移动设备来娱乐，鲜少再利用报纸、电视等传统媒体。苏州城市短视频的创作必然也会有意识地遵循媒介传播规律，通过在碎片时空中建构适于受众观看的故事与制造吸引受众注意力的"眼球经济"来迎合并取悦受众，以此获得观众的认同与共鸣。碎片化的语境导致了以手机为主要传播媒介的苏州城市短视频也呈现出碎片化特征。破碎的时间使得这些短视频APP没办法以很长的叙事时间来吸引注意力。所以，我们能在地铁、高铁和电梯等公共空间内发现种种短视频消费者的身影，闲暇的碎片时间里最适宜观看苏州城市短视频文本。

2. 精简的创作体系

苏州城市短视频的创作和生产通常是某个人或某个小群体的自娱自乐，既没有雄厚资金的资助，也没有品质精良的高要求，这种创作是较为简单、随意甚至是"随手拍摄"的。当然，这种精简的特征是相对于影视剧来说的。影视剧中的造型艺术大多是精心设计、力求完美的，服装、妆容、饰品、走位、神态及台词等，都有一套制备完善的叙事体系。而苏州城市短视频则是那个游离于成熟工业体系之外的简单存在。比如，抖音号"周庄古镇"在介绍苏州景点时，就简单地配以文案"苏州旅游必须打卡的十个景点"，依次介绍拙政园、苏州博物馆、山塘街、虎丘、寒山寺、平江路、金鸡湖、留园、盘门、周庄古镇等重要景点，每个景点的文案介绍都极其简单易懂，且会使用一些当下流行的网络用语，以增加亲切感。如在介绍拙政园时，仅用一句简单的类比"来苏州不去拙政园，就等于去北京不去颐和园"来告知受众拙政园是苏州必打卡景点。简洁、有节奏且契合当下青年人心理的文案设计，能够最大限度地吸引受众的注意力，获得高点击率。除了文案以外，苏州城市短视频的镜头设计和画面剪辑也是相当简洁的，基本很少使用滤镜，原汁原味的江南景观足以让人倾心。比如，抖音账号"大川旅拍"在介绍苏州时，就大致出现了航拍镜头下的东方之门、运动镜头下的苏州地铁、推镜头下的苏州博物馆、固定镜头下的琵琶语评弹馆等。这些城市短视频在文案、镜头、构图及剪辑等方面呈现出的精简特征，既与互联网时代"快餐式"消费的大环境休戚相关，也与"人人都是导演"的创作主体的多元化唇齿相依。可以说，正是因为拍摄与制作的精简特征，才给城市短视频创造了长盛不衰的外部条件。

3. 典雅的视觉形式

苏州是一座崇文向善的城市，打造文明创建品牌，营造更为宜居的环境，就能塑造出更具苏州特色的优雅气质，展现出更具魅力的城市品位。近年来，苏州正着力打响"江南文化"品牌，以弘扬传统文化精髓，丰富现代人的日常生活，这不仅能更好地展现苏州人的文化自信，而且能为持续推进文明典范城市的创建注入一股深厚而又持久的精神动能。从苏州城市短视频的文案中，我们就可窥见苏州的典雅气质，比如，"烟雨江南漫步平江路，穿越苏州旧时光，古朴典雅精致都市慢生活""苏州火车站内敛温润，精致典雅，就连一线大城市也望尘莫及""探访苏州街道，古朴典雅，江南水乡，真是'上有天堂，下有苏杭'""下雪了，为苏州这个古色古香的城市多添一份典雅，多添一份韵味""苏城之夜，苏州既有古朴典雅的园林之美，更有现代时尚的都市之美"等短视频文案，尽显苏州的典雅特质。再如抖音账号"苏州网"发布的"拾色苏州"系列短视频，聚焦山塘街、怡园、北寺塔、玄妙观、苏州第二图书馆、蚕里街区、沧浪亭等，勾勒苏州的精致典雅。尤其是第十五集在展示苏州的"迷你猫街"时，先用遮挡镜头拍摄猫的壁画，再用推镜头和特写镜头展示皇废基的小巷（用文字"肯达美术馆后"标明具体地点），最后用摇镜头、主观镜头等模拟游客的视角，展示墙体上的绘画，并配以解说"在这里拍照出片率很高"，整个画面基调以暖色调为主，从视听层面吸引受众前来打卡。

显然，城市短视频的内容是多样化的，既有处于宏观层面的市政、景观、风俗类，也有细致入微的美食、个人生活等。由城市短视频所激发的"新沟通场景"超越了个人情景，从个人对于城市景观、城市生活的体验上升到对于城市建设、城市发展等宏观议题的讨论上。人们既可以随时随地拿起手机实现互联网连接,通过短视频塑造的场景对不同的公共话题开展讨论,也可以通过滑动的方式切换场景,转换话题,从而实现从线上到线下的双向互动。

三、漫游者的"行走策略"

城市短视频将身体与城市空间糅合在一起,亲身体验、时刻记录、动态呈现,缓解了身体不在或者不适应城市空间的焦虑。漫游,则成为这些城市记录者的常态,他们也因此成了"新城市漫游者",具备了漫游者的基本特质——"他们观看这座城市,同时装扮这座城市;他们被作为'他者'观看,却以'他者'的身份改变着城市"[1]。漫游者形象源自德国思想家瓦尔特·本雅明(Walter Benjamin)对法国诗人夏尔·皮埃尔·波德莱尔(Charles Pierre Baudelaire)的研究,本雅明首次以"漫游者"来考察城市景观、城市文化及现代性问题。城市漫游者是城市文明发展过程中的特殊存在,是城市症候和城市文化的移动考察者,是在繁华的城市中孤独行走的"他者","具有着由'每个人在追逐个人利益时的那种不关心他人的独来独往'而来的空虚,他们用外来的、由陌生物引发的构想来填补这种空虚"[2]。新媒介技术的出现赋予漫游者记录城市的能力,同时这也提升了他们的技能要求,城市漫游者日趋专业化。他们不仅可以旁若无人地凝视周遭的环境和景观,而且也可以用审视的姿态来触及城市生活中的热点议题。

在关于苏州的城市短视频账号中,出现了"探苏州""今日苏州""爱苏州""吃遍苏州"等一系列用户。他们以漫游者的眼光,替市民发掘苏州的每个角落,以及那些不为人知的景观、美食、风俗和生活状态。尽管这些短视频作品呈现出碎片化、拼贴式的特点,但是漫游者用自己的独特视角展示了苏州的历史性和现代性。在苏州城市短视频中,城市漫游者以行走的方式探索城市的奥秘,贯穿始终的是一种"寻找—打卡"的叙事逻辑。首先,"寻找—打卡"的基础在于用"问句"来吸引受众,如账号"吃

---

[1] 韩晓玲,刘迎迎. 青年亚文化"城市漫游者"观看实践与视觉政治[J]. 当代青年研究,2019(4):78-83.
[2] 本雅明. 发达资本主义时代的抒情诗人[M]. 王才勇,译. 南京:江苏人民出版社,2005:56.

遍苏州"推出的部分短视频就涉及"苏州最好吃的汤面是哪家?""苏州的烤肉店你最喜欢哪家?""苏州人经常去的火锅店是哪家?""苏州人喜欢喝哪家奶茶?""在苏州约会吃什么?"等问题。这些问题所涉及的城市元素具体且真实,能够让受众瞬间定位到苏州这座城市;同时,略显夸张的发问能在短时间内吸引观者,并将其卷入视频的叙事逻辑中,让他们产生一探究竟的好奇感。在这样的叙事逻辑之中,苏州城的每个角落都被戴上神秘的面纱,在漫游者的不断探索中被逐一揭开。其次,以行走的方式慢慢解开疑问。在账号"探苏州"发布的"阳澄湖大闸蟹"的短视频中,一开始阳澄湖大闸蟹并不是作为主角出现的,受众跟随创作者的视角,坐着游艇上岛,乘着蟹农的小船,到60亩的蟹塘亲手抓蟹,最终获取了大闸蟹及其他美味的湖鲜。账号"探苏州"发布的"探店苏州"系列视频完美体现了行走的特点,创作者摒弃了传统的视频叙事套路,直接手持拍摄设备在某咖啡店中行走,以第一视角呈现咖啡店各个角落里的风景,并穿插咖啡店老板的失恋故事,将咖啡的"苦"与人物的"奋斗"串联,产生情景交融的艺术效果。最后,创作者会以特色总结的方式讲述自己的亲身体验。如"探苏州"发布的"平江历史街区"短视频中,随着平江路画面的呈现与切换,创作者以解说的方式呈现平江路的历史变迁和现代风貌,"如果来苏州只能去一个地方,那就是平江路""小桥流水人家,就是居民每天的真实生活""你一句春不晚,我就热死在真江南"等,这些解说饱含漫游者的亲身感受,让受众仿若身临其境地感受江南美景。通过这样三步"行走"的策略,城市漫游者用一个个城市角落重塑高度个性化的城市。在这种"寻找—打卡"的行走逻辑中,不仅呈现了一些诸如平江路、观前街、东方之门等象征苏州的地标性建筑及城市中央空间,更发掘了街头巷尾和未曾发现的美食。城市角落的串联将作为意义整体的现代性城市打破,并以片段链接的方式重新编织城市意义网络。也就是说,他们以行走的方式认识城市、定义城市并表达感受,借此赋予城市新的形态和意义。

  城市漫游者是城市文明发展过程中的特殊存在,是城市症候和城市文化的移动考察者,是在繁华的城市中孤独行走的"他者"。事实上,丰富的漫游者形象源于城市文明的多样性和社会结构的复杂性,他们并非真正意义上的"局外人",而是既游离于城市文明又同时建构城市文明的"局内人"。因此,他们或许也能看到这座城市的文化症候。

在一则主题为"藏在老苏州弄堂里的理发店"的短视频中，原始、破旧却具有生活气息的苏州古巷场景与苏州地标——东方之门并置，古巷里缓慢的生活状态与东方之门周围川流不息的街道形成巨大的视觉张力，此刻东方之门不再是地标，而是人际关系淡薄的"罪魁祸首"，"旧苏州"反而更有人味。观者评论也充斥着怀旧的话语。同时，"这里没有 Tony 和欧莱雅老师，有的只是老师傅们娴熟的传统手艺""苏州物价飞涨，但这里理发、修面、刮脸仅需 12 元""城市的喧嚣与繁华和老弄堂的烟火与破败"等一系列二元对立的话语形式与场景交叠共同完成了对于现代苏州的反思，评论中观者也用调侃的方式表达对于现代社会种种问题的反思。城市漫游者通过理发、美食等细致入微的生活小事延伸历史场景，显然比纪录片的宏大叙事更有亲和力。它们不断地提醒市民——"我们的城市仍有着这样的历史传统""不要忘记对于城市历史的记忆"，甚至有市民直接在评论区索要地址，亲临现场去感受传统苏州的韵律。

第二节　拼贴式传播与"活力苏州"的个体实践

一、去中心化：算法机制与"城市"代言

互联网时代的到来缩短了人与人之间的沟通距离，也为多元社会的形成注入新的活力。自媒体平台在向我们提供多样化信息的同时，也在一定程度上重构了我们的生活方式，影响了我们的生活习惯。短视频的出现，不仅为中国城市形象的传播开启了一扇窗，同时也为不同文化的同台展演提供了共享空间，为经济发展提供了新的动力源泉。苏州城市短视频的发展，既离不开处于"中心化"地带的主流媒介，也离不开"去中心化"的自媒体，二者在算法机制的协作下，共同为城市文化代言，书写苏州新篇章。

围绕"中心化"辐射，打造高质量作品，是苏州城市短视频稳步快速发展的根基。以苏州日报报业集团制作的《苏州一分钟》《苏州大米》《40年匠心坚守：观前最后的修鞋匠》短视频作品为例，就可发现"中心化"平台在塑造苏州形象、展示江南文化过程中所做的不懈努力。苏州日报报业集团没有一味地引入PGC（Professional Generated Content，专业生产内容）、UGC（User Generated Content，用户生成内容）等概念制作短视频，而是依靠内容、故事和文化支撑作品，坚持原创和高质量发展的理念，争取创作出现象级短视频作品。比如，《苏州一分钟》以"数据"穿针引线，展示一分钟内在苏州可能发生的事件。在这样的一分钟内，苏州市民可在环古城河健身步道上行走125步，苏州能产生外贸进出口额429.76万元，日报社可以印刷600份《苏州日报》，苏州城市可以新增绿地面积6.66平方米，绣娘可以刺绣穿针20次……数据总是抽象、冰冷的，经过视听呈现则可以使城市生活更加生动形象。同时上线的苏州城市形象宣传片中，也

只简单地插入了三句短语：有深度的思索，有高度的视角，有温度的讲述。作为主流媒体的苏州日报报业集团，以一座城市发展的见证者和亲历者的身份来叙述城市，旨在让观众看到极简主义中的深刻内涵。2018年风靡一时的《苏州大米》系列短视频同样由苏州日报报业集团出品，该系列作品由形象片、短故事片、动画版视频、妈妈版视频、农民版视频等多个版本组成，是苏州日报报业集团与苏州市农业农村局战略合作推广地产农副产品方案的一部分。短视频以"乡愁"为主题来传达苏州人的父子情、母女情、兄弟情及苏州情、土地情，以情动人，历久弥新。《40年匠心坚守：观前最后的修鞋匠》是苏州日报报业集团文字记者的原创短视频。随着人们生活水平的不断提高，这一老行当渐渐淡出了人们的视野，只有为数不多的修鞋匠秉着对传统手艺的坚持，仍然坚守在街头巷尾，让我们在喧嚣的城市中能寻到一片安静的角落，觅到一份认真的慢态度。鞋匠们平凡却又真实地生活着，他们用勤劳、努力和坚持，向我们展示日常生活最真挚的美，充满"温度"和正能量。

与此同时，在"人人都是媒体人"的时代，"去中心化"的创作趋势正在逐步形成，"自媒体人"的个体话语也在日益积聚，助力苏州城市短视频为"城市"代言。在以前，我们只有官方传播信息的媒介，比如，新闻机构、电视台、报纸等权威媒体才是发声的主流和中心。而现在，我们进入了互联网时代，信息爆炸，在这一高速发展下的快经济时代，人人都可以在自媒体平台上自由地发表自己生产的内容。互联网的发展、新媒体的崛起使人们的言论观点开始有机会登上更广阔的表达天地，发展至今，许多内容都在抖音、快手、B站、西瓜视频、小红书等新媒体平台上得以精彩呈现。苏州本地的自媒体博主正在短视频风潮盛行的当下"登上舞台"。比如，全网视频阅览量超千万的景晨，他以"景晨在莳溪"作为自己的账号名称，在今日头条、抖音、B站等短视频平台推出一系列苏州访古视频，包括吴江区的路亭、渡亭、茶亭系列，散布于各区域古镇中的古桥系列，以及阳澄湖区域的碉堡系列，等等。这些视频点赞量超过1 000万次，观众订阅总量超30万次，是苏州地区颇具影响力的文旅类访古自媒体博主。这些访古短视频聚焦于被人们忽视、遗忘的部分，路边的一座古亭、古宅中的一扇窗、古桥上的一个独特的"零件"等，都成为短视频的拍摄对象。受众不仅对苏州各区域的古遗迹有了初识，而且在景晨的述说下也对"苏州之美"有了新的认知。除了苏州本地的短视频博主在大力宣传苏州文化外，外地的博主也加入了苏州城市文化形象宣传的队伍中来。比如，抖音账号"晴晴子"，标签为"一个爱旅行的美食博主"，在其个人账号内开设有"苏州美食""东北美食""厦门美食""泉州美食""福州美食"等多个美食栏目。其中的一条名为"苏州一日游"的短视频中，西园寺慵懒的猫、天王殿后门的素面、心无杂念的抄经人、双塔市集的文艺气息、小而精致的囿园等，都勾勒出苏州的典雅与治愈，给受众一种身临其境的互动感，让人流连忘返。在当下自媒体越来越有话语权的时代，短视频博主将自己作为"窗口"，持续探索互联网时代的苏州文化形象的建构与传播，这才是自媒体人的文化使命。

短视频由个体构成传播中心，内容自由度极高。现在每一个人都可以是短视频的内容生产发布者，信息生产和上传更加自由化，用户甚至可以在短视频平台上建立自己的个性垂直领域。尤其是像抖音这样的短视频平台，其算法逻辑是"你是谁"决定了"推荐给你什么内容"，基于用户内容的推荐、用户信息的协同过滤、用户社交关系的精准推荐、内容热度流量池叠加的推荐、用户关联规则的推荐等智能算法推荐原则，苏州城市短视频被"点对点"推送到相关用户手里，这也就在一定程度上打破了"信息茧房"的效应限制。

二、去距离化：用户导向与"我"的体验

新媒体本身就是一种包含所有数字化媒体形式的环境，在新媒体环境中，受众的身份已经发生变化，他们既是内容的接收者，有时也是内容的生产者，传受双方的界限不再那么分明，且彼此的距离大大缩短。同时，新媒体环境下不仅可以传播文字和图片信息，还可以传播音频和视频内容，在内容生产中更多地侧重于是否能满足受众需求。因此，以用户为导向的城市短视频制作就显得尤为重要，注重个体"我"的体验，在此基础上吸引用户产生情感认同、增强用户对移动视频的黏性及提高海外用户的"能见度"，从而进一步发挥城市短视频的社会功能和经济功能。

1. 吸引用户产生情感认同

城市形象的构成一部分来自普通公民，因为公民才是城市的主人，

理应成为城市形象传播的主要角色。公民最普通的生活方式和生活细节就是微观层面上的城市形象。塑造城市形象，既可以依靠群体力量去推动，也可以借助个体的力量。2022年5月，互联网掀起一股为家乡"打call"的浪潮，全国各地选手纷纷参赛。账号"苏州女掌柜"紧跟热点，精准抓取，数据化发掘用户需求，迅速发布"我们见面吧"短视频，以苏州特色美食"苏式面"为拍摄对象，展示活色生香的市井烟火，5天内获得443万次流量引入和5万多次点赞，近万名网友在评论区热情讨论并形成强话题场，产生全网爆款效应。还有在互联网出圈的"苏州最孤独的树"，这棵树位于苏州园区的半月湾，早年一直是苏州年轻人拍摄婚纱照时必备的"道具"，后来经市民和游客拍摄成短视频后上传网络，画面背景是独墅湖，湖对面是"网红"教堂，空旷的一片草地上就矗立着一棵树，给人以特立独行之感，并配以"不知道一直孤孤单单的这棵树，见证了那么多新人的幸福，有没有感到自己很孤单？"的文案，瞬间联动性地吸引了线上用户的点赞和线下的打卡追随。积极地看，我们可以认为这是一种从众心理，也是一种群体性的认可，市民和游客在短视频平台分享地方美食美景，吸引更多的人去打卡，算得上是一种"表彰投票"。同时，基于共同身份和人性本能的分享心理，这种视频也能产生较大程度的情感共鸣。此外，在这种认同和追随心态下，第一批用户的传播吸引第二批用户打卡，第二批用户的再传播又吸引第三批用户打卡，口耳相传后，就形成了巨大的连锁反应。

2. 增强用户对移动视频的黏性

利用大量的数据资源，短视频平台根据用户的浏览习惯和点赞内容给用户推送相关信息。同时，提高用户黏性需要链接新的用户群体。优质短视频内容或着力用户现实需求，或关照用户的情感共鸣，呈现资讯性、实用性、有趣性等特征，更多地抓住受众的好奇心、同理心、同情心。以苏州广播电视总台的新媒体账号"暖视频"为例，该账号在抖音、今日头条、快手、腾讯等多个平台发布短视频，且传播效果较为理想，在账号的平台选择上也逐渐形成了多平台组合发布的矩阵。2022年，"暖视频"在抖音、今日头条和快手平台共获得将近20亿次的互动量。从发布的频次上看，该账号在三个平台平均每天发布9—10个短视频，稳定的发布频次与发布量、固定的发布风格帮助其打造出特定的品牌形象，形成稳定用户群。短视频基本围绕"温情"主题,以拉近用户的情感距离,从而维持用户对该账号的品牌认可度。诸如"为了你,我愿意相信生命有轮回""36年前,他们用鲜血和生命保卫祖国西南边陲。4月28日,收复老山三十六周年,向英雄致敬!"这些短视频均以"温情"为主题展现人情冷暖,引发受众共鸣,强化用户黏性。除此之外,苏州城市短视频创作既可以抓住社会正能量的英勇事迹,又可以关注奇葩新闻、动物趣事、自然危害等猎奇资讯,还可以发布国家相关政策等实用资讯,从而与受众建立全面、密切的联系。

3. 提高海外用户的"能见度"

海外社交平台上的视频传播能凸显传播舆论引导力强、互动效果好的特点。苏州市政府清楚认识到这一现象,在2022年"知中国·in苏州"网络国际传播项目中,开设海外社交媒体账号,推动优质内容朝纵深传播,优化苏州城市网络国际传播矩阵,为全球网友讲述独有的苏州故事。苏州市委网信办在海外社交平台共发布上百个视频作品,为世界解锁苏州无数个精彩瞬间。目前,该账号点击量达81.4万次,曝光量达1482万次。账号以"全球视野、国家高度、苏州特色"为宗旨,在海外主流社交媒体平台建立苏州专属发声阵地,并将其打造成为全国有影响、全省有地位、全市可共享的对外传播、交流的平台和窗口,服务全市各地区、部门、企业的对外宣传工作。苏州在国际传播能力建设中,既扎根本土实践,又立足全球视野,以全民参与文化交往,推动了海外受众对于中华优秀传统文化的认知度与认同度。苏州拥有极具特色的江南文化,古典园林和"非遗"技艺蕴含着取之不尽的国际传播资源。乘着长三角一体化发展的东风,经济社会持续蓬勃发展。苏州被世界银行评选为"中国投资环境金牌城市",也是外籍人才眼中"最具吸引力的中国城市"。苏州城市短视频以悠然自得的"人间烟火气",建构苏州"现代与传统和谐共融"的形象,力求用真实的国际化表达方式,在网络空间做好苏式生活、苏州文化的传播,助力苏州城市凭借其独具特色的文化魅力从国际舆论场上脱颖而出。

总的来说,在互联网发展初期,城市形象的传播主要由政府主导,表现出一种单向传播的特征,城市形象建构得较为抽象,传播效果也不太理想。到了新媒体发展初期,移动短视频未被充分运用之时,地方媒体的微博和微信公众号等自媒体平台承担起城市形象建构与传播的主要任务，这使得城市形象传播有了一定的灵活性。如今，城市短视频的广泛创作，大大缩短了受众与城市的距离，基于用户导向的算法机制又强化了用户黏性，这对于建构并传播"活力苏州"的文化形象无疑是有利的。

第三节　短视频建构城市形象的媒介反思

一、技术赋权与"主体"缺位

移动互联网时代为短视频的发展注入了新的活力，经过不断地探索与成长，短视频逐渐迎来了发展的成熟期。2006 年是网络视频发展的元年。经过不断发展，抖音、快手驰骋社交圈，虎牙、斗鱼吹响游戏主战场，直播、短视频应用层出不穷，让人应接不暇。新媒体以"视频化、移动化"的新方式实现转型融合，而短视频凭借时长短、互动性强的特点亦实现了自身的商业价值，受众在短视频中释放了压抑的灵魂。截至 2021 年艾媒咨询对短视频的使用调查数据显示，短视频的使用人数仍在不断递增，其中，抖音用户规模由 2019 年 1 月的 2.36 亿人增长至 2020 年 11 月的 4.90 亿人，70.9% 的用户表明使用抖音的时间较长。抖音成功跻身短视频平台的头部竞争行列。

抖音在技术赋权的情况下迅速崛起。2016 年，刚起步的抖音是以 15 秒音乐短视频的形式进行内容输出的。2016—2017 年，抖音经历版本升级，但这一段时间抖音的发展还未出现起色，仍处于一个懵懂阶段。之后，抖音对系统内部进行不断地改造与升级。提升画面的质感与清晰度是抖音进行改造升级的第一入手点；第二入手点则是抖音在传媒市场的潜伏与融入。传媒市场类似一个蕴含巨大能量的"生态系统"，包含了媒介与媒介的经济竞争、媒介与受众的受众价值需求、媒介与社会的社会价值观。传媒市场需要新的血液加速信息的传播，扩大信息经济链。为顺应传媒市场的发展要求，抖音将微传播的传播形式融入市场，与传媒市场保持着信息传播的相同目标。同时，在这一段时间，抖音并未选择大规模地运营它的现有模式，而是继续通过大数据的探索与调查，抓住受众的需求，并借此提高创作者的制作要求。大数据为抖音的改造升级打下了坚实的基础。

但是，新媒介的产生使人们在真正实现空间转移之前，就已经获得了某种观看上的体验，这种体验虽然是基于网络传播的一种影像观看，但是这种影像通过其技术上的操控手段影响了人们对旅游地的选择、休闲消费的选择等，并且这种操控是以一种近乎无意识的方式注入人的思想中的。旅游的异地性特征是指旅游活动的发生要以行为主体的空间移动为前提。旅游活动的一个最明显的表征就是人的身体在空间上的移动，人们从自己生活的地方暂时性地转移到另一个地方，体验另一个地方的人文，观看另一个地方的风景，以获得身心上的放松。观看者在体会视频内容带来的娱乐快感时，忽视了视频本身作为一个现代媒介的新产品及其背后的生产机制和传播策略。技术和资本"共谋"之下的产品掌控了人们消费的自主性，并且在某种意义上对主体的理性也进行了征用。

许多点击量比较高的旅游类视频的拍摄视角都是全景式的，以相机为中心，进行360度的旋转拍摄。全景式的或者俯瞰式的拍摄视角首先将观看者作为自身控制的一个潜在对象，并在这样一个视角之上施加更多的技术手段以达到吸引观看者围观的目的。当观看者被吸引到这样一个全景视角的边缘地带时，其就与全景或俯瞰视角的主体（相机）所直接面对的对象（风景或景观）处于一个同样的位置上。但不同的是，观看者是具有自主选择性的人，他们会反过来参与进这样一个全景视角的运行机制，在受控的同时有一种扩散到更广范围的蔓延机制，会制造某种轰动效应，以吸纳更多的边缘群体再次被纳入这样一个全景视角机制中。全景式的拍摄方式及俯瞰式的视角给人带来一种一览无余的视觉观感，使观看者感觉自己站在了一个"上帝视角"，再加之舒缓而轻松的音乐，以及不同色调的滤镜，观看者仿佛置身于一个虚拟的景观胜地。其实，在这里，观看者的位置与相机的位置或者说人工制造物的位置完成了置换，相机代替了人的双眼在观看，而具有主体性的人则在置换的过程中扮演着一个被控制的角色。

以抖音平台为例，这种"被控制"的状态进一步受技术手段的强化。为了更好地提高用户的黏性，抖音将页面拍摄功能和互动功能的交互设计得十分便捷。与传统视频的制作相比，抖音短视频从拍摄到后期都属于"傻瓜式"操作，用户只需点击主页面中间下方的"加号"，就能自己拍摄、制作，平台提供了包括背景音乐、特效、滤镜等在内的各种素材库，用户可以根据自己的需求自主选择，间接体现出抖音平台准入门槛较低的特点。同时，用户在拍摄过程中如果不想自己重新制作视频音乐，可以直接点击原视频右下角的相关链接收藏，直接将其他视频中的特效或背景音乐应用到自己的作品中，最后再点击"拍同款"即可。除此之外，抖音的"点赞"和"评论"功能更是激起了用户的制作欲，因为一个"赞"或者一条评论会给他们带来正面的评价，当他们获得这种正向反馈后，就会变得更加狂热，不断创造新的内容来维持这种愉悦感。一旦用户拍摄的城市短视频得不到点赞和好评，他们可能会感受到前所未有的空虚和无聊，也有的会不断沉浸在抖音世界的狂欢生活中，直至逐渐丧失逻辑思考能力。因此，城市短视频的迅猛发展，除了能传播城市文化之外，我们也有必要考虑技术的物与人的主体性之间的辩证关系，即技术赋权下人的"主体性"问题，这样才能更好地平衡人与技术的关系，实现城市与人的可持续发展。

二、围观经济与"公私"冲突

短视频作为一种新媒体形态，以其具有的即时性、碎片化等的特点迅速成为人们获取信息和娱乐休闲的主要手段。拍摄设施及网络速度和速率的创新，为用户提供了前所未有的网络媒体获取方式，同时也极大地增强了手机和短视频平台用户的流动性，使其在安装和使用上不受技术和硬件限制。城市短视频则进一步将传统的物理空间的生产融入网络媒介之中，现实中与旅游相关的生产关系被重新建构。社会空间被不断覆盖的背后，是真实的生活在向互联网延伸，相反地，线上的虚拟景观也在向线下渗透。"前台"与"后台"、"公共领域"与"私人领域"相互穿越、相互交叉、相互复写、相互融合。人与旅游的物理空间的距离看似在被拉近，实际上虚拟影像使人与现实的距离愈来愈远。城市短视频作为一种文化产品，将旅游行为带入了想象性的空间生产中，形成一种网络围观现象。

在城市短视频所造就的"围观经济"下，"前台"和"后台"的冲突是重要的媒介议题之一。在网络社会中，"前台"指通过网络媒体平台，利用相关文字、视频、图片等形式在大众面前呈现出的经过精心策划和设计的舞台形象，而"后台"则指没有处在网络媒体的聚光灯下所呈现的最自然的自我状态。换言之，在城市短视频这一情境中，短视频中呈现的行为是"前台"，"后台"是博主私底下的真实状态。城市短视频博主借助具有一定识别度的语言符号和身体符号进行表演，勾起受众观看短视频后的心理欲望；而为了促成用户通过观看短视频完成下单的消费行为，城市短视频的拍摄场景会进行更换，将需要售出的商品放置于与商品定位相符合的情境中。比如，美食类短视频，一部分创作者通过展示具有当地特色的美食，将广告植入其中。以公开表演为特征的短视频摄制场景与以私密为特征的生活化场景交织建构了一个"新中区"，短视频中的人物 IP 在视频中的带货行为都是"中区行为"的主观体现。在媒介多元化视域下，城市短视频与受众的互动关系受"中区行为"的影响，短视频所打造出来的具有城市形象的人设与真实的自我呈现是不一样的，也就是"前台"和"后台"相互冲突。在网络信息逐步透明化的今天，更让人对窥探别人"后台"隐私感到好奇。城市短视频在各大媒体平台展示博主的"后台"生活，是伴随着"前台"行为产生的。"后台"区域又成了前台演出的"新演示"现场。面对网络社会中"前台"的聚光灯，一些博主有时候会为了广告等经济利益大肆"利用"城市景观。于是，本应处于规矩的"前台"区域却成为"后台"区域的另一"真场景"。部分城市短视频存在着前后台人设冲突的矛盾，利用呈现虚假的人设俘获粉丝以便快速达到销售预期。

　　同时，城市短视频"公共领域"和"私人领域"界限的模糊，也使城市形象的传播受到一定阻碍。在传统媒体时代，公共事务成了报纸、广播、电视等媒体平台广泛关注的焦点，由于私人情境受传统媒体的运作机制和复杂技术的限制，因而形成了单一的公共情境。然而，当前各大传媒平台的存在，使得过去的边界变得模糊不清。在中国城市转型的媒介场域中，城市与短视频不断发生勾连、镶嵌。作为私人构成的公共领域，抖音、快手等各大媒体平台在一定程度上消解了传统媒体的话语霸权，网民可以通过一条条发言传递与探讨社会公共事务。私人活动、感情、经历通过社交网络循环反复，信息传播已然从私人传播变为公共传播。但私人领域的公共化存在负面影响。当媒体平台披露城市短视频中的私人问题时，通过媒体的发酵，这些原本属于私人领域而缺乏公共意义的私人事件很快成为大众热议的话题。因此，在某些情境下，私人行为已经演变成了一种公共事务。这就是私人领域的公共化与公共领域的私人化。由于这些私人事件具有一定的社会公共性，它往往会引起公众对政府治理能力和水平的质疑与批评，从而引发舆论危机，最终导致群体性事件的爆发或扩大。这种模糊公共和私人领域的边界所带来的后果，不仅对私人领域造成了侵害，也对公共领域造成了破坏。在另一方面，那些本应关注、探讨与公众利益息息相关的公共事件和问题的媒体，因热衷于揭露他人的隐私而远离了真正的公共性议题。当前，传统的审核机制存在缺陷，导致平台用户通过操纵剧本中的私人事件来引发话题，从而获得更高的关注度和点击率，这使得私人领域和公共情境之间产生了冲突。

不管是前后台冲突，还是公私冲突，受众从城市短视频中获得的依然是一种精神上的体验，这种虚拟影像带来的精神体验与那种身体真正亲近现实而获得的精神愉悦存在着显著差异。去不同的城市体验生活，最早作为一种缓解资本主义基本矛盾的方法，让整日劳作的人们忘记自身被剥削的处境，如今这种缓解矛盾的方法在一种再生产的形式中重新建立起了"剥削"机制。精心选择的拍摄视角、多种滤镜的包装、恰到好处的背景音乐等，依靠技术的策略，完成了对生产的再生产，从而又去刺激生产，这是一个循环往复的过程，而原本拥有自主性的"主体"——人，成了这一链条上的参与者和被操控者。"资本"和"话语"的运作机制，从现实围观的境遇走到了网络围观的世界之中，资本的流动和权力的分配完成了对城市形象、"网红"景点的空间再造。

三、虚假宣传与"种草"迷思

"种草"一词最早来源于英文单词"durable"，指的是对某种商品或服务具有购买欲望的人，在选购商品或者接受服务时，将自己在其他渠道中获得的相关信息与自身需要相比较，最终选择自己认为值得购买或值得推荐的产品或服务。这个概念最早运用于美妆行业当中，被"种草"者在被"种草"后进行消费的行为叫作"拔草"。在"种草"文化出现初期，"种草"用户大多为一些素人，消费者在看多了由明星作为主导的电视广告后对于这种素人用户的分享会更具信任感与亲切感，在被"种草"者眼中，这样的"安利"是不带商业性质的，于是越来越多的人加入向他人"种草"的行列中来。一些优质"种草"视频的发布者也因此收获了大量的流量与粉丝,还得到了一些商家的赞助。而"种草式营销"(Grassroots marketing)是美国于2007年左右提出的一种新兴的、全新的营销方式,是一种推广产品、服务或者品牌的方式,主要通过消费者的分享、推荐来传播。它不需要大量的广告投入,而仅仅需要投资在消费者身上,让他们散发口碑,传播品牌信息,以达到产品透明度提高、产品消费者黏度增加、品牌美誉度提升的目的。

随着修图软件功能的不断强大,社交媒体上的许多短视频的可信度开始大打折扣,这一点在城市短视频中体现得尤为明显。短视频平台带火了许多景点,使其成为"网红打卡地",像天空之境、粉色沙滩等,然而这些景点的现实状况与视频中的"美景"存在着差异。一些博主通过PS技术和滤镜来美化图片,从而达到欺骗受众的目的。比如,某些短视频平台出现了"滤镜景点"的骗局:大火的云南澄江"粉红沙滩",实际上就是普通的红土地,有网友到该景点实地探访,发现该景点实际上并未开发成熟,周边的设施也不完善,网络上的照片和自己拍的照片根本不是一个地方;山东青岛金沙滩海边,《楚门的世界》里的同款"海边白色天空阶梯",也只是架在沙滩上的半截白色楼梯;被许多用户点赞、收藏的美丽而又充满了浪漫气息的"水蓝房子",竟然是一间没有任何大门的简陋小楼。网络视频和现实的强烈对比,体现出了"卖家秀"和"买家秀"的区别,游客不断"踩雷",陷入了景观神话的谎言之中。尽管有博主发表声明,表示自己没有接受任何广告,只是视频上的颜色变了而已,但在这些事件中暴露出短视频平台上,越来越多的人被虚假"种草"蒙蔽。

隐性广告侵害用户知情权,也是城市短视频发展到一定程度显现出来的弊端。短视频平台的博主的"种草"式广告主要可以分为四种类型:纯广告型、产品合集型、相关内容型、提及广告型。其中,"纯广告型"的核心内容就是广告,视频明确围绕某一品牌或产品展开;"产品合集型"则在某一品牌或产品的基础上,加入对多个品牌及多个产品的对比和分享信息,往往混杂了广告产品和非广告产品;"相关内容型"是在分享专业信息和经验时巧妙加入推广信息;"提及广告型"则以与广告不直接相关的原创内容表达为重点,只是在视频的结尾简短地提及广告产品。隐性广告,是相对于"显性广告"而言的,主要指隐藏于载体并和载体共同构成受众所感知到的信息内容的广告形式。这样的行为也被大众称为"软广","软广"具有模糊性和隐蔽性的特点。打"软广"的博主利用了短视频UGC模式种草的形式,通过隐藏个人与品牌间利益关系对受众打着"推荐"和"安利"的名号来进行软性说服。这样的"软广"行为就与《中华人民共和国广告法》第十四条明确规定的"广告应当具有可识别性,能够使消费者辨明其为广告"的条例相违背,侵害了消费者的知情权,属于违法行为。除此之外,这样不仅干扰了消费者对产品的正确判断,同时由于长期存在这样的情况,消费者逐渐对真正的"种草"视频产生怀疑,许多用户也因此对平台和博主失去信任与依赖。

因此,网络媒体的从业人员必须生产高质量的内容。在新媒体时代,公众的话语权已经不再是传统媒体的专属,任何人只要有一部手机,就可以在网络的话语空间里"掀起惊涛骇浪"。然而,每个人都可以传播信息,并不意味着所有传播的信息都是有意义、有价值的,从信息传播的第一个环节到最后一个环节,其中埋没了无数的信息,要想被公众看见,就必须要生产和传播高质量的、可信的、客观的内容。这也就意味着,内容生产者不能仅仅靠着跟风热点,或是通过虚假的方式来发布内容,而是要切实提升自己的媒体素养,使其内容更具传播价值。尤其是一些拥有粉丝基础的明星、"网红"更要以身作则,发挥自己身为KOL(Key Opinion Leader,关键意见领袖)的关键作用,要对自己说出的话负责任,要坚守"种草"的道德底线,坚守"种草"的原则,要将优质的信息、优质的知识、优质的服务传递给社会、粉丝和其他用户。平台也可以通过识别真正有影响力、专业素质过硬的KOL,集中力量支持和培养他们生产优质内容,削弱低质量、虚假"种草"的竞争力。

第六章 互动式传播：线上直播中的"网红苏州"

第一节　直播中"网红苏州"的"城设"模式

一、差异化的"直播+旅游"模式

"直播+旅游"模式，顾名思义，是指在直播软件的支持下，主播将各地的风土人情、民俗文化、观赏体验及可供打卡的旅游路线，通过互联网、5G等技术传递给受众。该模式本质上是旅游业与互联网融合发展的产品，是充分发挥"旅游+"作用的结果。主播实时实地地直播自己想要分享给网友的事情或感受，观者也能将自己的疑惑或者想要发布的内容提交到网上，主播通过观看视频画面进行解答，实现了视频、文字、声音的同步传输。相比广播、报纸，网络直播多位一体的传达方式，增强了画面感，增强了观者的体验感；相比电视直播，网络直播成本低、程序简单、互动性较强，观者能与直播人实时互动，有面对面交流的即视感。

1. 突出品牌优势，宣传差异化的江南水乡

青瓦白墙、亭台楼榭营造的精致园林，小桥流水、烟雨迷蒙的水乡古镇，都是苏州旅游发展的重要资源要素。苏州位于中国最具发展活力的长江三角洲地带，地理位置优越、交通便利，高铁网络的日益形成，更是为苏州的旅游行业发展提供了非常大的助力。作为历史文化古城的苏州，它的每一个古镇都有独有的故事，其中的每一处古宅、古桥、古塔又有各自的内涵和韵味。在以往自由行的过程中，人们往往更容易忽略景点的文化特色。伴随着科技的发展，身处世界各地的人们可以通过互联网技术随时随地地沟通与交流。

未来技术的发展将在很大程度上填补物理空间上身体的"不在场"的缺憾，实现身体的"虚拟在场"，从而积聚情感能量，最终构建互动仪式链。"直播+旅游"模式可以非常好地解决这个"痛点"，能够深入浅出地介

绍、推广每个景点的独特文化,在共性中寻找特性,让景点文化深入人心,让文化特色吸引游客。主播在介绍景点环境的同时,可以相应地介绍景点的文化特色,让游客边欣赏美景边了解其文化背景。比如,"君到苏州"客源市场直播平台曾前往苏州常熟,邀请来自上海、南京、杭州等长三角地区的旅行商、媒体与广大观众,"云体验"由沙家浜风景区升级打造的沉浸式夜游项目"横泾不夜天",开启"直播+旅游"模式。在直播中,沙家浜风景区的直播嘉宾邀请屏幕前的旅行商及媒体、观众共同观看国家级非物质文化遗产"打铁花"技艺表演《星光荡漾》,"千万点冲天铁花飞寰宇,夜放花千树翱翔天地间",铁与火交织如繁星闪耀夜空,为大家带来一场宏伟瑰丽的视觉盛宴。为使"云上"观众能从多个维度感知沙家浜红色文化,直播嘉宾在"沙家浜礼物"沙家浜官方文创店,对沙家浜的芦根茶、虞山面及文创冰激凌等特色文创逐一进行讲解。"直播+旅游"模式打破了时间和空间的界限,人与人之间虽然相隔千万里,也可以通过屏幕实现虚拟空间的身体"在场",获取实时信息。

2. 立足核心特色景点,实现差异性的精准推送

分享共同的情感体验是组成互动仪式链的必备要素,只有拥有相同的关注焦点之后,人们才会经常参与表达,期盼与群体成员共同分享情感能量,并从这当中得到情感体验。"直播+旅游"模式作为一种陪伴式媒介,汇聚了大量具有相同情绪和情感体验的人群,受众可以很好地排解孤独感,这不仅是物理方面的陪伴,更是对大众心灵的一种陪伴。通过在场的互动,观众产生突破空间界限的感觉,从而获得满足感和参与感,而这份参与感会随着日常生活的改变,让观众产生情感共鸣。

苏州目前的旅游产品和线路太过单一,主打的就是水乡、丝绸、园林。着重推广特色景点本无可厚非,但切不可抱陈守旧、固化思维。面对形形色色的游客,必须提供更多差异化的旅游项目,让不同游客都能找到适合自己的旅游产品和路线,体会到苏州独有的文化和景致。一方面,开发不同风格和不同层次的旅游产品;另一方面,还需要有合适的渠道将这些产品推广给合适的群体。网络直播能间接培养不同风格、不同层次定位的户外主播,而主播们又可根据自身风格推广不同的旅游产品。比如,针对近几年比较流行的"穷游"群体,推广类似甪直古镇、金鸡湖等景点;针对偏爱"精致游"的群体,更多地推广"苏式慢生活""水文化"及欣赏

昆曲等非物质文化遗产项目。另外，目前许多网络直播平台都非常好地结合了大数据分析，通过大数据对海量的用户信息进行整合、分析与挖掘，从性别、年龄、地区、消费习惯等维度为用户贴标签，从而针对有差异性的产品实现准确推送。

与过去的直播生态相比，传统直播是以记者或主持人在场为前提的，摄像机告诉观众发生了什么、在哪里发生，人为干预往往会使报道有倾向性，观众只可以看到经过后期剪辑后的痕迹，如镜头切换和字幕等。然而，"直播+旅游"模式带来的是全新的沉浸式现场体验，用户在观看过程中即时解构直播内容，大大提高了受众的选择性和自主性。

"直播+旅游"模式的兴起与运用，调节了现代人快节奏的生活和工作模式，使人们除了接收加工后的信息外，还能接收一些原始信息，从而学会自己提取信息、总结信息来进行价值判断。同时，"直播+旅游"模式也增强了受众对于一座陌生城市的参与感，进而达到产生共鸣的审美需求。一时的风潮终究会退去，只有高质量的优质内容才能勇立潮头，未来"直播+旅游"模式无论是形式还是内容都有待创新。

二、场景化的"直播+探店"模式

随着4G和5G移动互联网技术的发展，以及智能手机的应用普及，互联网上兴起了一个新的职业——探店达人。探店达人是指在持续创作直观、有趣、真实可信的本地生活实拍的视频内容，发布在抖音、快手、小红书、微博等支持短视频播放的软件上，给用户推荐本地吃喝玩乐游的创作者。所谓"直播+探店"模式，是指消费者前往商家消费时，对商家环境、提供的产品和服务有所了解后，以直播方式在社交平台分享消费体验。"探店"作为一种垂直内容存在已久，早在微信公众号兴起的时代，全国各地一波本地生活娱乐账号诞生时，"探店"便成了它们主要的"变现"手段。在内容有了一定积淀后，抖音在2021年明显加快了发展速度，开始帮助博主和商家挖掘探店生意的"变现"价值。"探店"这一类型的内容，也因此被众多潜在消费者视为"种草"或"避雷"的重要参考。

"直播+探店"模式，内容以吃喝玩乐游为主，将对商家的产品及消费感受较为场景化、立体化地展现在消费者面前。不仅如此，该类直播将经由个性化推荐机制推送给对吃喝玩乐游有兴趣的人。个性化推荐机制，不仅能够满足经济物质条件日益增长下消费者的多元化消费需要，同时也能够较为充分地挖掘消费者可能存在的多元化潜在需求。和其他城市一样，苏州的"直播+探店"对象也主要集中在吃、喝、玩、乐四个项目。比如，"苏州网红咖啡店探店"直播中就出现了"无二空间""52Hertz""Brother Kafe""Coffii &Joy""汴京茶寮"等"网红"咖啡店，主播通过"场景化"的现场演绎、"现身说法"，为受众讲解咖啡店的特色："无二空间"的装修品位独特，地方宽敞，光线明亮，还有服装区域，适合拍照，显示苏州素雅清淡的感觉；"52Hertz"以粉色系装修为主，到处都有爱心 Led 灯，吊椅位置适合拍照；"Brother Kafe"属于街角咖啡店，纯白的装修格调，饮品口感极佳，适合拍照留念；"Coffii &Joy"的手磨咖啡是经典款。从直播的介绍可以看出，"拍照体验""口味体验"是关键，消费体验得以技术性升级，构建起新型体验模式。互联网技术及智能手机终端设备的发展和普及，改变了传统状态下的消费者、货物、购买场所三者彼此分离的情况，智能手机终端充当了消费者与货物连接的角色，消费者只需要通过屏幕和主播的介绍，就可以在类似真实的"场景化"语境中对产品有个全面的认知。互联网技术及智能手机终端设备的发展，为"直播+探店"的立体化、即时化、碎片化、场景化提供技术支持，与图文相比，能够更立体、全方面、真实地展示实际的感知与体验。

  网络社交日益广泛融入人们的日常生活中，"直播+探店"对于拉动消费具有一定的助推作用。不过，主播在"直播+探店"时，应当实事求是，绝不能根据店主是否提供资助而决定是"捧"还是"踩"，这极可能损害到消费者的合法权益，同时也会给网络"种草"生态造成破坏。如面对同一款炸酱面，某探店博主表示"太贵""没法吃"，但两天后又改口说是"妈妈做的味道"。"网红"达人探店的真实性和可靠性引发质疑。越来越多的消费者怀疑探店内容虚假，与此同时，有商家花近万元请探店达人后，生意效果依旧不理想。在形成社会消费时尚的过程中，示范效应起着重要作用。所谓"示范效应"，即某些人的消费方式会引起其他人仿效的作用，很多的消费时尚正是由这些起示范作用的人所推动形成的。"探店经济"中，主播们"现身说法"，必须以其实际行动消除网友与线下店铺之间的信息不对称，不断调动起粉丝参与体验的消费欲望，从而为助推这种新消费模式起到良好的示范效应。

平心而论,"直播+探店"模式顺应时代发展潮流,有利于刺激消费、拉动经济,不仅满足现实的需要,而且又有广阔的前景。然而,就目前来看,"直播+探店"模式刚刚起步,不可避免地面临一些问题。比如,所涉足的消费领域较窄,更多地集中于餐饮、健身、旅游等行业,绝大多数店铺还未纳入进来。此外,运营还不够规范,一些平台监管不到位、主播推荐不诚信、相关数据不真实等现象,也都在一定程度上阻碍着"直播+探店"模式的良性发展。

三、情绪性的"直播+带货"模式

直播带货作为一种新兴的电子商务营销模式正处于高速发展期,其通常采用亢奋的情绪来刺激用户,从而获得流量和提高交易额,进而生成连接和激活"人货场"的新型传播场。一方面,国家扩内需、促消费的经济政策强调要"保持线上新型消费热度不减",直播带货通过网络促销不断促进消费"回暖",整体带动线上线下市场销售的快速回升;另一方面,这种网络消费新方式也为消费者带来网络化、数字化和智能化的消费体验。直播带货的迅猛发展建立在移动通信、大数据、"云计算"等物理基础层之上,形成一种充满活力的新型传播应用。5G、4K、VR 等新技术不断为用户提供更加稳定、高清、沉浸式的直播效果,并提供更多元的售卖场景和更真实的购物体验。在电商平台精密算法的牵引下,存量数据、消费者行为追踪等被导入直播带货的全流程中,同时每场电商直播的过程和细节又被同步转化为平台增量数据。直播带货以主播作为传播的中心节点,通过大数据分析和算法推荐技术越来越快地精准捕捉消费者。消费者进入直播间后,主播通过精心设计的购买流程调动消费者情绪,使消费者最终实现消费行为,并促发高成交量。消费者在便利地寻找商品的过程中满足需求,同时也被一次又一次地挖掘和引导出潜在需求。在"数据—算法"的控制之下,人的行为似乎被数据绑架,成为算法写意式的注释。算法正在重构人类社会的传播规则。

直播带货一般指通过一些互联网平台,使用直播技术进行近距离商品展示、咨询答复、导购的新型服务方式。主播是直播带货模式的核心节点,"网红"、KOL、明星、主持人、政府官员等不同社会身份的主播借助直播形态推荐商品,实现销售。目前最引发关注的是"网红"直播带货。主播是商品与消费者的连接点,他们通过信息密集、情感强烈的互动提高销售效率,将消费者特别是自己的粉丝群体给予的注意力转化成购买力。

情绪是有机体反映客观事物与主体需要之间关系的态度体验,由外在刺激或内在身体状态所引起。情绪对意义理解和传播效果有重要影响,具有传染性、积累性、指导性和社会性。情绪传播指的是个体或群体间情绪的表达、感染与分享,其传播的起点是传者的情绪,以对客观事物的评价和行为反应为内容,最终导致传受双方的情绪反应和传播行为。环境心理学认为,个体的行为与其所属的环境相互影响,线上购物的虚拟氛围能够以某种方式唤起消费者的情绪和认知反应,并最终决定其行为。直播带货的传播情境和活动刺激着观众的情绪反应和购买行为,主播的情绪传导是一种基本能力和技巧,他们通过刺激消费者的情绪反应和不间断的情感互动推动购买行为的落地。

在社会交往过程中,个体的情绪和行为能够激发他人相似的情绪体验,这便是情绪感染(Emotional Contagion),情绪感染可以通过"联想—学习"机制或语言调节联想机制发生。"联想—学习"机制是指观察者与他人在同一场合时,在他人情绪的诱发下,会展现出与他人相似的情绪并感受相似的经历,或者回忆过去相似的经历而产生相似的情绪状态。语言调节联想机制即描述某一特定环境的语言或文字能够激发观察者产生与所描述情境相似环境的想象,这一想象将使观察者产生与描述者相一致的情绪感受。直播技术将主播和观众共置于直播间内,主播展示商品时通常都会亲身试用,并在试用时进行较为强烈的情绪表达,引导观众感受相似的经历,以期实现感同身受。主播通常会采用两种情绪感染方式:一是通过语言描述激发用户想象,从而产生与主播相似的情绪,如推荐口红时说"约会的时候涂";二是发起集体行动诱导用户学习和跟随,如设计抽奖或限购流程,营造货物紧缺的气氛,通过紧张情绪的感染带动抢购。情绪的社会分享(Social Sharing of Emotion)则描述人普遍存在与他人交流情绪经历的需要,情绪的接收者通常会在情绪诱导效应下与他人进行情绪的二次分享(Secondary Social Sharing of Emotion)。无论他人分享的是积极情绪还是消极情绪,人们都表现出注意和自愿参与分享的倾向。为了让直播更具观赏性，主播往往会通过与工作人员或嘉宾的互动创造情绪事件，观众则会将观看直播时所接收的情绪体验进行二次分享，如观众会自行录制直播中的精彩片段在社交平台上进行分享和转发。情绪的社会分享可以用来解释为何某主播描述商品时使用的"Oh My God！""我的天哪！""买它！买它！买它！"能够脱离直播带货的具体语境而成为风靡一时的网络流行语，还引发争相模仿，成为流行文化的符号表征。情绪传播中，情绪感染与分享相伴而行、相互作用。主播在推荐某一产品时所表露出的积极情绪会感染观众，除激发购买行为外，还能够激发观众的情绪模仿，并在购买后自发地以同样的高度情绪化的表达方式在个人社交网络推荐该产品，感染他人，最终形成羊群效应和消费趋同效应。因此，我们便不难理解为何经常会出现主播推荐的产品容易"卖断货"的现象，为何会出现非理性的跟风消费和模仿购物。

第二节　互动式传播与"网红苏州"的形成动因

一、打卡姿势与"网红"景点的意义生成

"打卡"是新媒体影像实践的一个典型隐喻，其中尤为重要的元素是"位置"。人与位置的不同关系，造就了视频圈与数字圈两种影像实践的显著区别，这也构成了人与城市关系的不同状态。线上直播所带来的是"人在家中坐，走遍全世界"。这个所谓的"走"，是指影像的移动，影像传输将远距离世界带入人的视野中，"脱域"是作为表征的影像带给人的一种虚拟状态。人未动，仍然处于固定的位置，并没有脱离地域。线上直播就是此种"脱域"的典型状态。

"文艺范"的苏州"网红"景点，是新时代新青年的神往之地。"文艺范"已经成为社会上的一个流行词汇，经常和"小清新"连在一起使用，合称"小清新，文艺范"。不同的人对"文艺范"有着不同的理解，而且"文艺范"本身在日常生活不同领域中的表现也有所差异。一般来讲，带有"文艺范"的人指的就是喜欢文学、喜欢看文艺电影、收藏文艺物品的人。苏州的小镰仓、太湖蓝跑道、诚品书店等地都极具文艺气息，契合当代青年人的内心需求，成为"直播+旅游"模式的宠儿。"小镰仓"位于吴中东山的岱心湾大桥和丰圻大桥，来到这里，仿佛就走进了快与慢的结界，轰隆作响的时间忽而就变得潺潺轻纱，干净文艺的沿湖环岛公路让人一秒穿越到《灌篮高手》中的镰仓，沿着湖边公路走，湖水澄澈、水鸟低飞，每帧画面都充满了清新感。太湖蓝跑道全长约26千米，沿太湖大道，环绕渔洋山景区，咫尺间就是烟波浩渺的太湖，清凉的湖风拂面而来。空气清新、凛冽宛如甘泉，畅游在山脚，湖边"一碧太湖三万顷，屹然相对洞庭山"的美景尽收眼底，真正印证了"最美的风景在路上"。苏州诚品书

店是中国大陆第一家分店，坐落于美丽的金鸡湖畔，是集艺术、商业、观光、人才培训于一体的文化和大型商业中心。其"网红"签到点"诚品大步梯"，吸引了很多市民、游客前来拍照、打卡。在宽 6 米、有 72 级台阶的大楼梯一侧的墙上，挂着 54 种缤纷的色彩，调色板本身的颜色与自然光交织在一起，形成了动人的"生命之光"。因此，移动媒介的出现，强化了受众对城市的感知，线上直播可以让受众在城市中定位，获得有关书店、名胜古迹等各种场所的信息，丰富自身的知识与经验。

"古朴风"的苏州"网红"景点增添了受众的"慢"情趣。最典型的便是当下流行的"慢直播"。"慢直播"对一些独特的地标建筑、"网红打卡地"，还有一些重大事件、影视资源的报道宣传工作是非常有帮助的。随着 5G 传播技术与 VR 技术的逐步升级，VR、4K 等新样态成为现实。这给教育、医疗、旅游、文化、体育等诸多领域带来新的机遇。5G 技术的成熟，为 VR 直播的流畅呈现提供了带宽大、传输高、延时低的保障，意味着观众可以获取更身临其境的沉浸式体验。比如，在中华人民共和国成立 70 周年庆典时，新华社新媒体中心就运用了"5G+VR"技术，带给观众一场激动人心的"慢直播"体验。随着 5G、4K、VR、AI 技术的日趋成熟，未来"慢直播"的发展将在代入感、伴随感、功能性等方面不断增强。比如，2022 年 11 月，苏州山塘街举办了一场充满江南水韵特色的线上"云教学"，中国消防、江苏消防、苏州消防多平台直播，直播间观看人数累计达 10 多万人次，点赞 2 万多次，评论 1 万多条，受到了全网一致好评。山塘街古色古韵的开场 MV 音画并茂地展现了江南水乡特色，玉涵堂的"烽火门"、安泰救火会的前世今生及现代智能安防等，再加上古代防火特色的场景，让观众沉浸式地过了一把"消防瘾"，全面感受到了古人的消防智慧、现代消防创新科技及山塘街的古朴气质。"慢直播"的画面都是客观真实的记录，没有经过后期剪辑、制作，靠摄像机的真实记录，让观众主动观看、自主理解。凭借移动新媒体的强大覆盖面，"慢直播"以其客观真实、感染力强、沉浸式传播等特点使公众成为参与者和见证者。用户在进行"云观看"的过程中，不仅惊叹典雅的苏州文化气质，而且还在潜移默化中更加靠近了一座城市。

从某种意义上说，线上直播打卡的姿势暗含着互动与沟通，说到底是一种互动仪式，它会使群体成员产生个人情感，而个人情感在群体成员之间传递则会产生群体感情，短暂的情感经过不断聚集则会形成长期的情感能量。在互动仪式之后，随着互动频率的提高，情感能量会不断累积，群体成员的信任感和归属感促使群体成员更加积极地加入仪式互动中，形成循环往复、良性输出的互动仪式链闭环。众所周知，城市影像的内容主要集中于景观、音乐、美食及科技四个方面，它们的内容非常明显地与感官刺激直接关联。打卡将实体空间与虚拟空间的双重感知综合在一起，创造了一种史无前例的新型感知。大众媒介的信息虚拟移动，转变为人与信息在虚拟与实体空间的同时移动，由此生成了人与空间的一种新型关系，虚拟位置与物理位置通过人的融合，交织在一起，人时时刻刻处在实体与虚拟的双重世界之中。城市实体与虚拟网络的交织、流动，创造了移动网络社会崭新的个人与社会价值。

二、"叙述话语"与"网红"美食的再媒介化

近年来，网络直播已经发展为全民娱乐平台。随着移动技术的发展，尤其是5G网络的普及，网络直播进入边走边听、边走边看的3.0时代。网络直播的内容也从最初的游戏直播拓宽到生活的各个方面，以游戏、汽车、电器、美食甚至宠物为主要内容的直播房间霸占了整个屏幕。叙述话语的风格往往决定一个节目的风格，新闻节目话语的严肃、正式决定了新闻的权威性，脱口秀节目话语的简单、随意为其带来了超高的收视率，网络直播因最贴近观众生活的话语风格而受到欢迎。总结归类，我们可以发现网络直播有以下叙述话语风格。

1. 日常话语为主，展现随意性

网络直播节目面向的是众多喜爱直播的网民，网民把网络直播当作一种调节生活的娱乐方式，过于严肃和专业的话语会让其觉得受拘束与反感。网络直播尽可能使用简单的日常话语，既让观众觉得随意，同时又展现主播自身的真性情。网络直播最常见的聊天方式是讲故事，讲故事可以拉近人与人之间的距离；网络直播强调的不是故事内容而是讲故事的方式，以最寻常的话语讲述最平凡的家长里短。主播在讲述故事时所采用的都是日常话语，没有经过刻意彩排过的话语拉近了主播与观众之间的距离，越是随意的话语越让观众觉得无拘束。美食直播间的存在本身就是网

络直播日常话语的体现，吃东西这一生活行为能成为镜头前一种吸引观众的表现形式正是因为其具有的随意性。美食直播间的主播在吃播开始前会直播买菜与做饭的全过程，与观众分享食物的挑选方法，介绍各种美食的烹饪方式，就算直播过程中主播离开镜头接打电话或去洗手间也无碍直播的继续。这种随意的日常话语既是网络直播的一大特点，也是网络直播受欢迎的一大原因，受众作为社会人生存时常因受到种种因素的制约而变得愈来愈敏感，而网络直播日常话语为其带来的随意性则显得自在、无公害，受众能在这种随意性中感受到愉悦。

2. 地方口音为辅，凸显个性化

网络直播是在数十个直播平台与上千个直播间的竞争中火爆起来的。拿美食直播间来说，每晚在不同直播平台同时进行直播的有上百个，在千篇一律的吃播中，每个直播间又有独特的个性。对斗鱼的美食直播间的主播出生地域进行统计分析后，笔者得出了以下数据：山东主播占24%，北京主播占20%，东北主播占16%，四川主播占15%，其他地区主播占25%。泛直播时代的网络直播抛开"网红"直播的表演性质，以口语化的表达为主分享生活，个性化的口语表达为网络直播注入了新色彩。从上面的数据我们可以看出，网络直播的主播大多来自方言地区，搞笑的东北话、霸道的京味儿、泼辣的四川话等都凸显了直播的个性化。比如，到2023年6月，吴方言人工智能主播预计将在苏州广播电视总台FM91.1新闻综合广播正式上线，相信当操着"吴侬软语"的AI主播走到台前，定能让苏州乡音听得见、学得会、留得住、传得广。

个性也是网络直播火爆的一个原因，要想使自己的直播间获得观众喜爱，主播的口语表达是重点。东北人、北京人、四川人在性格特点上比较开朗，地域特点赋予这些地域的人独特的表达能力，相对于儒雅的江南主播，这些地域的主播更加有个性，他们的直播间也就更受欢迎。日常话语赋予网络直播的随意性是其一大特点，但过于日常的直播又很无味，受众没必要去观看一个无聊的陌生人的生活，而地方口音的注入正是点睛之笔，个性化与随意性的结合深得受众喜爱。

第三节　线上平台建构城市形象的媒介反思

一、优化直播内容

平和纯净的网络环境是中国网民的精神家园，国家对于中国网络环境的管理愈发重视。2016 年，国家政府部门针对斗鱼、六间房等直播平台中的各项问题进行了综合整顿。而这两年迅猛发展起来的直播平台无视前车之鉴与道德底线，为了赚取利益而不顾伦理价值，为了博取眼球而哗众取宠。在移动化、碎片化消费日益盛行的当下，短视频因其具有的创作简单、成本低廉等优势，逐渐成为最流行的影像消费品之一。去中心化的内容发布机制受到追捧，以 UGC 代替 PGC，一方面极大程度地迎合了各个阶层受众的心理需求，另一方面则导致内容的良莠不齐，价值观存在严重偏差。那些具有错误导向和不正之风的线上直播，对于净化网络生态环境有着极大的阻碍作用，甚至有可能造成网络生态环境的进一步失衡。因此，我们必须将直播把控在人类文明的基本框架之内，共同为打造网络生态文明添砖加瓦，这才是直播平台的生存之道。

第一，提供优质服务。虽然线上平台直播拍摄的内容丰富多元，但是内容同质化现象也极为严重。直播平台的立足之本在于打造高质量的内容，这也是用户选择平台的主要原因。随着热度的消减，用户应该将目光转向优质内容的输出上，直播平台的受众群体面向大众，不管受众是什么身份、什么学历，不管受众是否具备专业拍摄技术，人人皆可自导、自演，进行直播。与此同时，直播平台也要充分利用自身身为关键意见领袖的影响力，对有意义的、有价值的话题如弘扬生活正能量、反映国家民生舆情等进行宣传，引领创作者生产优质视频内容。优质内容是直播内容生产的灵魂和生命线。"沉浸式"旅游应装满优质内容，若没有内容做坚强支撑，"沉浸式"旅游就成了一纸空文。前几年提出的体验式旅游、参与式旅游的概念，其实与当下的"沉浸式"旅游有异曲同工之妙。彼时国内旅游尚处于初始阶段，这种思考也随之湮没。当下，"沉浸式"旅游如同"网红"直播，在旅游界成为热词和风口。在内容为王的时代，有价值的优质内容要重新成为市场关注的焦点。景区的故事要有本土属性，要有原住民的灵魂和生活气息，要有本土人文风情的嵌入和叠加，"隔空抓物式"地来一段生搬硬套的故事，不仅打动不了游客，还会让人产生不在其中的幻觉和"引人入套"的嫌疑。线上直播作为一种手段，其内核便是优质的"内容"，这些优质"内容"包括可装入的戏剧、演艺及多样的线下综合体验活动。这些多元元素的植入，为旅游消费者构建了一个对旅游产品感知和体验的升级版，让消费者对旅游的体验更加逼真，大大增强了对旅游目的地的向往和憧憬。

第二，提高媒介素养。在信息爆炸式增长、社会节奏加快的现代化信息社会，人们往往没有短时间内摄取媒介知识的能力，反而会被现实巨大的压力阻碍，忙碌于为生存而奔波的本能的行为过程中。尽管我国已经普及了九年制义务教育，相较于其他发展中国家的文化教育程度已经有了上升式的改变，但就目前网络环境来看，当代青年媒介素养程度还需要进一步提升，需要加强学习，掌握参与媒介使用的技能和知识，建立良好的道德体系和伦理框架。

第三，加大智能监管。直播平台在幕后运营过程中，应加强人工智能审核工作，大力建设人工智能审核团队，培养具有良好媒介素养、高尚品德和专业技能的内容审核人员，能够对数以万计的直播内容进行准确审核，并确保输出的视频内容符合当前的社会价值观，能在一定程度上弥补人工智能的不足。对于互联网的规范治理工作而言，传统的人力监管耗时费力，其规范效果也不佳。因此，许多媒体网站与技术公司积极联动，努力融合大数据与新一代人工智能技术，在提升优质内容的同时做好内容风险管理工作。比如，人民网基于人工智能研发出"风控大脑"，致力于提高内容运营、内容聚法等新业务；2019年，百度公司运用人工智能技术清理各项有害信息共计312亿条；谷歌公司在优兔（YouTube）上设置"垃圾视频分类器"人工智能系统，自动识别分析视频片段；等等。随着线上直播的爆炸式增长，有关监管部门的网络治理压力日益增长。而人工智能监管技术的引进，一方面可以缓解人力治理的压力，及时有效地清理不良直播内容；另一方面还能进一步利用线上直播这一火热风口，拓展直播带货的内涵，进而打造"直播+"的线上营销生态。

虽然目前的短视频和直播平台已经有了很大的用户群，但是对于城市宣传的关注还很有限。为了提高用户的吸引力和粉丝的黏性，不少城市短视频和直播平台的创作者都在加大内容的产量，但是大多数人只是增加了更新的频率，在内容的本质上却没有太大的改变，存在着严重的同质化倾向。线上直播作为集媒体、营销、科技等学科于一体的新兴产物，是当今最热的信息传播窗口，也必须对产生的问题予以规范治理。

二、完善治理机制

直播间乱象的出现无外乎有两方面的原因：一是主播通过创造流量，将流量"变现"，以从中获利。主要流量点击上去，无论观众是骂或是赏，盈利也随之而来。二是网络平台主体责任缺失，疏于管理，监督不力，或处置不及时、不严格，尤其是对于一些提供虚假信息的主播，放任自流，导致"野蛮生产"。加之一些观众辨别风险的能力差，自身保护意识弱，很容易"中招"。因此，社会须从以下几方面共同发力，约束网络主播的行为，打造风清气正的网络直播空间。

首先，提高直播准入门槛。各直播平台要做好对广告准入的前置审查，要对广告客户及"网红"的准入门槛、责任认定等做出明确的规定，健全对广告的审核及备案制度；同时，要构建并完善对违反规定账号的管理和惩罚机制，对恶意抄袭和虚假宣传等行为进行严厉打击，对多次发布违规内容的账号采取禁言或封号等惩罚措施。另外，平台还应该加强信息公开和透明度，让消费者更加清晰地看到"种草"商品的真实信息。以小红书为例，在2020年9月，小红书就启动了"啄木鸟"计划，针对虚假推广行为进行专项打击，项目启动首月就处置账号7 383个、笔记21.3万篇。在2021年12月，小红书又开展了一场针对"虚假营销"的专项行动，第一批取缔了29个涉嫌虚假营销的品牌，小红书的"品牌封禁FAQ"显示，被封禁的品牌涉及虚假营销，具体表现为在社区铺设了大量未经真实消费体验的笔记。而这些品牌的虚假营销行为，影响了用户的判断，干扰了平台的秩序。在小红书搜索多芬、半亩花田、老金磨方等品牌名，都显示"该品牌涉嫌虚假营销，相关内容不予展示"。我们相信，小红书还会继续开展这场行动，并在多个方面采取有效的措施，维护平台生态。

其次，促进行业良性发展。直播电商赋能经济作用引起政策的不断"加码"，2020年4月，习近平总书记在陕西省商洛市柞水县小岭镇金米村考察时，也充分肯定了直播电商的社会效益。随之，诸多省市也出台相应政策促进直播电商的发展。但直播电商作为新生事物在强劲发展的同时，也暴露出一系列问题，就连"头部主播"也不例外，如2020年出现的辛某某"糖水燕窝"事件、罗某某"羊毛衫假货"事件和李某某店铺虚假宣传事件等。直播电商的虚假商品问题等已引起社会和监管部门的关注，也不断出台一些监管措施。2020年，国家市场监督管理总局、国家互联网信息办公室、国家广播电视总局、中国广告协会等相关部门，以及浙江省、北京市等地纷纷出台规范文件，指导直播电商规范发展，如2020年6月中国广告协会发布《网络直播营销行为规范》，2020年11月国家市场监督管理总局发布《关于加强网络直播营销活动监管的指导意见》、国家网信办发布《互联网直播营销信息内容服务管理规定（征求意见稿）》、浙江省网商协会发布《直播电子商务管理规范》，等等，同时北京市市场监督管理局联合市公安局等16部门开展"2020网络市场监管专项行动"，重点规范直播电商等领域。据不完全统计，2020年已有近10份有关直播电商规范或监管文件出台。此外，2020年6月，人民日报社新媒体中心也联合诸多直播平台推出全国直播电商投诉平台，助力消费者权益保护。在相关政策的引导下，直播电商平台阿里巴巴、抖音、快手等也不断加强对平台商户的管理，如阿里巴巴2020年出台了《内容创作者管理规定》来规范商家的行为。展望未来，直播电商在货品、营销、售后各个维度还将迎来全方位的监管升级，行业发展将越来越规范化。

最后，加强用户防范意识。线上直播现象的兴起，从某种意义上说，基于的是一种"情感归属感"，随着用户涌入这个"互动空间"，大量的信息充斥在他们的周围，从而导致他们的判断出现偏差，被盲目"种草"。用户应深刻反思怎样才能客观地、批判性地看到直播内容，不随波逐流，提高自身的正确认识和理性判断力，加强信息处理能力，培养批判性思维。第一，用户要审慎地选择购买被"种草"的商品，并充分了解产品的信息。用户不能仅从外观上判断，而是要从内在的实用性和实际性价比等方面来评估商品，多比较和调查，做到"货比三家"之后再消费。当然，用户更不能因为对某一位"网红"、明星极其崇拜就对其推销的产品冲动消费。第二，用户要关注后期的跟踪使用和评价。不要只看单一的评价或好评率，应该多了解其他消费者对于该产品的使用感受和实际效果，并结合自己的实际需求，做到客观、理性地评估商品的质量和实用价值。第三，用户需要建立起长期的消费意识，不应该一味地追求时尚、新奇和潮流，而是需要培养出按需而购、精打细算的消费思维，减少盲目消费和不必要的浪费，从而更好地从生活的角度和长远的角度来看主播推销的产品和服务。第四，用户要注重平台的良性发展和质量管理，坚决拒绝虚假信息和低俗内容。用户可以积极参与到各直播平台的管理中来，举报虚假广告和不良网站，倡导理性消费，拥抱公正竞争的社会秩序。

总之，从监管主播跨界之难、电商环境之乱，再到法律规范之多及新旧治理思维失衡，种种挑战无疑都表现出了"直播+"时代网络直播规范治理的困境。在多元开放的互联网直播带货环境中，各方治理主体都应保持面向未来的姿态，倡导创新的治理机制。一方面，应积极调整现有治理措施，明确各方权责以切实保障电商直播消费者的合法权益，同时要加强政策文件与法律规范的协调与统一；另一方面，也要积极引入区块链等创新性监管技术，探索市场监管领域治理能力现代化的建设性路径。

三、关注长效价值

将城市的历史文化、地理资源和经济技术等要素进行品牌化包装，从而塑造具有典型意义的城市形象并获得社会的广泛认同，是城市品牌塑造的深刻内涵。不同媒体经年累月地传递关于城市形象的一致信息，诠释了城市品牌塑造的重要途径。塑造良好的城市品牌，打造特色突出的城市形象不仅能够对外提升城市知名度，也能够使得城市内部居民产生向心力和凝聚力，并带动城市产业融合发展。在新媒体时代，我们必须尤为关注线上直播对于城市发展和城市文化传播的长效价值和积极意义。

1. 打造城市旅游"慢直播"，调节个体情绪

在如今快节奏的生活中，媒体也在追求更快速地报道。但网络新闻追

求速度却忽视背后的真相，文化语境碎片化，观众获取信息碎片化。大众由此变得越来越浮躁。在高速发展的社会中，大家每日忙忙碌碌，却失去了生活的本真，幸福感也随之下降。为了遏制这样的现象，线上直播也可多关注城市的"慢生活"。"慢文化"的出现实际上也是对快速生活的一种抵抗。疫情防控期间，线上直播的火爆，也让传播者开始思考大众究竟需要什么样的内容。慢速的、真实的，看似没有意义的"慢直播"却能在高速度的生活中吸引受众的注意力，这让人始料未及。在快速发展的社会中，受众需要一些慢速度的传播来放松自己的内心，缓解自己的焦虑。这样的新形式也让创作者开始放慢速度，做最忠实的记录。由于"慢直播"的直播内容较单一，节奏缓慢，观众在观看时可将其作为工作、学习的"背景板"，用于氛围的营造，并逐渐形成了一种非专注的观看方式。播放直播时，观众手中依然可以做着别的事情，也不用担心错过什么内容。如疫情防控期间，火神山、雷神山医院建造的线上"慢直播"，观众不用刻意地盯着屏幕，只需知道工地建设过程正在有序推进，观众就会感到安心。这时的"慢直播"类似于一种情绪的调节剂，虽起的不是主要获取信息的作用，但可以成为一种情绪上的陪伴。这种非专注观看虽然不利于注意力的集中，但也有其益处。2022年11月，"君到苏州"客源市场直播平台与来自上海、南京、杭州等长三角地区的旅行商、媒体及广大线上观众，在林渡暖村开启一场"慢直播"。作为同程旅行携手苏州吴中区横泾街道共同打造的"农文旅"融合样板项目，占地14平方千米的林渡暖村已成为"乡村振兴创新示范村"。在南部文旅片区与北部太湖村落两大板块之中，林渡暖村整合了静休疗愈、创新创业、整村配套、民宿度假、亲子玩乐、生活美育、教育业态等多项内容，观众可以通过线上直播形式漫游理想田园。

2. 发挥"头部主播"优势，盘活城市电商环境

主播是连接消费者与货品的核心，随着行业的发展，主播的头部化、联动化、多样化、虚拟化的进化态势及专属服务化趋势日益明显。从主播的进化态势来看，其一，头部化和联动化趋势日益增强。直播电商的"头部主播"效应明显，马太效应是行业基本趋势，一方面，部分"头部主播"通过形象塑造和多渠道宣传等促进主播影响力的提升，如"头部主播"通过参加综艺节目等方式提升影响力；另一方面，依托"头部主播"实现抱团发展也是重要趋势。同时，依托"主播×明星"等"主播×"策略，最大化地挖掘主

播影响力也成为行业的基本趋势。其二，多样特色和虚拟化趋势也很明显。一方面，随着直播场地和用户的拓展，"三农"主播、老年主播也将崛起，满足农村用户及"银发族"等的需求；另一方面，智能虚拟主播如明星虚拟、二次元虚拟偶像、品牌虚拟人等的兴起，满足了不同群体的情感诉求。2020年下半年开始，诸多淘宝店铺入局智能主播，启用智能主播来填补夜间空白时段；2021年年初，淘宝直播"功夫主播108将"虚拟主播天团助力年货节，取得良好效果。从主播服务趋势来看，直播"俱乐部"服务趋势将进一步增强。随着直播电商行业的不断进化，消费者对品质化货品的需求将取代以低价为核心的选货诉求，直播电商的私域性和粉丝经济效应，也可能催生如开市客（Costco）般的选品运营策略。直播为粉丝选择或定制高性价比的全系货品，体现"俱乐部"的服务属性。

3. 注重文化宣传，塑造城市形象

线上直播是进行城市宣传的"直通式"媒介，可以为受众提供一个窗口，方便受众去观察、感受当地的人文风情。一座城市的魅力在于它自身独特的文化底蕴与独一无二的城市标志。用线上直播的形式将城市地标性建筑展现给受众，带有汽车鸣笛声、路边行人的画面更能增加城市的生活气息，也让一座城市"活"了起来。城市宣传可以不借用高大上的宣传片，但应有贴近生活的画面。利用"慢直播"进行城市宣传可以关注它独特的人情味、烟火气，这样的城市能让受众感到真实、亲近。目前，关于城市宣传的"慢直播"基本都是对准某一个景点进行24小时直播，虽然观众可以根据自己的时间随时进出直播间，画面也极具真实感，但是缺乏一些深度与人情味。对城市宣传的线上直播可以加入一些文化内容，可以在评论区对当地文化与风俗进行介绍，带动大家一起讨论当地的独特风景、美食与风土人情；对于直播内容，也可以不仅仅局限于风景、建筑，美食也可以是一座城市的名片，媒体可以对当地特色小吃、工艺品的制作与售卖进行直播，让观众真实地看到当地的特色美食与特色工艺。但是，这种直播题材要注意在宣传的过程中不要泄露商业隐私。媒体还可以创新地在直播背景中加入具有当地特色元素的音乐，甚至是一些特色的广播节目，例如，央视频在对三星堆博物馆进行直播时，其中就有一个镜头是对准青铜立人像，而背景音乐中播放着三星堆微广播剧，让观众在视听中更深入地了解一座城市，聆听城市的故事。

第七章 共情式传播：方言节目中的「民间苏州」

第一节　方言节目中"民间苏州"的寻根路径

一、记录城市历史

方言既是传承地方文化的载体,也是在特定历史语境下形成的文化形态。方言承载、记录着一方土地上的历史和原住民的情感,较为容易地被这个环境中的人群接受并产生共鸣。

随着传播语境的迅速变化和技术手段的迭代更新,方言的语言性传播功能逐渐降低,而具备"软实力"属性的文化传播功能日益凸显。作为重要的"文化符号",方言成为某座城市或者某片区域的文化载体。方言节目以城市文化为底蕴,以城市市民的日常生活为素材,聚焦大众所关心的热点话题,呈现出越来越明显的亲民性特征。同时,方言节目可以全方位地展示城市的社会生活和民俗风貌,精准地传递城市文明和传统文化。此外,方言节目还可以凭借大众媒介的即时传播功能,让受众快速形成对区域内方言文化和城市形象的全面认知。因此,方言节目在城市广播电视台中具有独特地位,它既因为亲切的"乡音",拉近了和本土受众的距离,让受众的乡愁得以释放,这往往成为节目收视率的保证;又因为其以"方言"为标志的地域属性,而承载了地域文化的传播功能。自改革开放以来,中国正面临着最为猛烈的城镇化和全球化浪潮的冲击,而作为地域文化重要载体的方言,其传承也遭遇到前所未有的挑战。在此背景下,城市台的方言节目需要重新定位,并找寻自己新的发展空间。

首先,方言节目可以增强城市历史文化的保护意识。蕴含在方言中的很多地域文化、乡土文化、历史文化,往往以方言作为重要的载体,一旦某种方言消失,附着于其中的乡土文化和历史文化也有可能随即消失,不复存在。伴随着我国经济社会高速发展的浪潮,语言开始朝着标准化的方向发展，这是导致方言逐渐退化的主要原因。加之，过去人们对于方言存在一定的误解，使得城市方言的消失速度逐渐加快。就目前而言，人们在语言观念与意识方面，存在着说方言时不够自信，或者认为方言没有普通话优美而不喜欢说等情况，这导致大家对方言的保护意识相对较差。方言节目的出现赋予了方言特殊地位，方言内容中含有的历史事件、文化实例，给予了方言更深层次的表达价值。同时，方言节目具有改变人们观念意识的功效，方言节目能够使城市历史脉络渗入人们的现实生活之中，从而促使人们树立正确的方言保护意识。而对方言的认识与保护，就是对城市历史文化、社会人文价值等方面的认同，因此，方言节目能够充分调动人们保护方言、保护城市历史文化的积极性，使其能够树立正确的社会价值观。与此同时，方言节目也可以提供比较完善的文化传播载体和空间条件，比如，方言节目《施斌聊斋》就为苏州城市历史文化的传播搭建了媒体平台，提供了良好载体。该节目建立和展示了城市的本土品牌，是传播故土乡情、民俗民风的重要工具。目前，它是苏州电视台收视率最高的节目之一，通过方言宣传的形式，带动当地观众主动树立保护城市历史文化的意识，实现对苏州传统文化的新一轮传承。

其次，方言节目还可以吸引年轻观众的注意力。当前，全国各城市电视台充分发挥主流传媒的影响力，下大功夫打造了一些方言类王牌节目。这些节目用带有温度与亲和力的话语、生动质朴的内容，像"拉家常"一般诉说着城市的历史故事。同时，这类节目还进行了舆论宣传、民生答疑、热点回应、文明传播等。因此，方言节目不但是各地电视台的立根之基和生存之本，同时也在城市历史形象的生成和建构过程中起到了独特的作用。在普通话日益普及的今天，方言逐渐被人们遗忘，苏州的很多"90后"，甚至"80后"，已经很少会说地道的苏州话，他们每天花大量的时间学英语，却对自己的家乡话越来越陌生，这不能不说是"乡音"的悲哀。因此，方言节目应着重培育年轻受众，这正如当今戏曲舞台的重要使命是吸引并不断扩大年轻的观众队伍一样，方言节目也要开拓年轻人的市场，只有这样，节目才有生命力。在这方面，苏州市广播电视总台已经做了有益的尝试。晚间节目《施斌聊斋》中，会穿插方言中的俚语、俗语等并加以解释，让基本上不太会说苏州话的年轻观众，有机会接触、了解苏州方言。节目主持人利用方言的平民式、口语化特性，在节目上将自身放在一种和普通观众平等交流的地位，传达对观众群体的信赖与尊重，进而让观众很自然地觉得方言节目主持人便是自身人际关系中的一分子，仿佛是邻家屋舍里走来的熟识邻里。这样一来，主持人就利用方言将自身和观众"乡邻化"了，主持人能够更容易、更自由地和观众实现交流，使城市历史文化更容易被受众接受。主持人在主持节目时运用方言，能够让自身的表达更为准确、形象，赋予更丰富、灵活的言语表现。组织语言的能力是主持人主持节目的基础。方言中包含着大量的、意象化的、鲜活的词句，在宣传城市的文化时，有特定含义的方言往往是用普通话难以表达出来的，或者会出现用普通话表达得太牵强、生硬的情况。这个时候使用方言节目，可以将城市历史文化解读中的一些晦涩内容完整阐述出来，从而灵活呈现城市历史文化内容的特殊含义与意境。如果主持人使用自己所熟知的方言词语加以表述，就可以形成更为独特、灵活的主持范式，观众在观看电视节目时就会觉得更亲切、更接地气。

最后，方言节目亦可以构建城市历史文化生态形象。电视节目是以声音和画面为艺术语言的艺术表现形式，而观众对节目的第一印象往往来自节目的画面。方言节目有着构造形象的功能，其中的镜头语言是对形象最直接的表现。因此，方言节目能够展现出所在城市的人文气息。比如，《施斌聊斋》就是以本土社区新闻、苏州地方文化、风土人情为主要内容，充分利用苏州方言这一历史资源，向观众讲述历史人文遗存，并诉说其背后曲折动人的历史故事。除此以外，《施斌聊斋》的节目组也多次在特别节目的拍摄录制中，将苏州海外先贤的一生业绩和爱国爱乡事迹呈现给观众。透过时光隧道，公众了解了他们的生前身后，感受到了他们的家国情怀，学习到了苏州的历史人文内容，对苏州历史文化名城品牌的树立发挥了良好的作用。

总之，在各地对历史传统文化的保护过程中，方言节目发挥着很大的作用，这主要是因为方言节目会触及与历史文化形成发展有关的确切讯息，特别是在普通话广泛推广的背景下，我们对普通话的掌握与练习时间太多，在一定程度上忽视了对所处城市历史文化的学习与掌握，所了解的方言知识也很有限。如果盲目传播方言文化讯息，容易使受众产生对城市历史文化的错误解读，不利于保护城市的历史文化。而方言节目作为拥有权威性的大众艺术表现形式，在节目中能够确保方言内涵的正确性，使受众所接触的历史文化内容不至于发生严重偏离或者产生误差等，这样不但能够有效宣传城市历史文化内涵，还能够拓宽城市历史文化的保存路径，从而建立完善的历史文化保护体系。

二、溯源风俗人情

一般来说，方言节目主张用本土方言讲述本土故事，且所表达出的对待事物的方法、态度、评论标准及具体的语言习惯等，均和当地的主流价值观相符。方言节目的开设主要是为了满足当地普通观众的需求，实现对当地特有语言和文化等的传播发展。另外，观众日常生活中的所见所闻大多是方言节目的主要内容，和民生新闻有很强的相似性，且主要讲述的是家长里短、市井百态，紧密地贴合观众的生活。因此，观众在观看这类节目时，能从中窥见周围人的群像，沉浸于自己熟悉的、喜欢的现实生活中，并能够从他人的生活琐事中获得启发，最终获得满足、快乐、充实之感。

方言中蕴含着极其丰富的地域文化内涵，它作为一种来自民间的艺术形式，其中生动形象、妙趣横生的语言无不反映出我国劳动人民的智慧。而极具地域特色的俗语、谚语等，又能够将普通话无法准确表达出的语言意味表现得淋漓尽致，不禁让人感叹我国历史文化底蕴的深厚。方言文化的保值是关乎民族发展的大事，通过方言节目宣传方言，可使人们重新审视当地文化，深刻体会地域文化的内涵。

文化与传播同构是文化传播学的主要理论观点。方言是在特定地域环境中所形成的文化，包含着文化传统、民俗习惯、心理积淀等多元的文化信息。方言节目在实际的传播过程中，主要通过集图像和声音等于一体的媒介传播方式，将发生在观众身边的"大事小情"以生动、鲜活的形式传播给观众，从而使方言节目产生文化价值，实现传播和文化的同构发展。方言文化经媒体传播能够将地域文化的多样性等特征完整地展现出来。方言节目不仅能够借方言的形式传承当地文化，而且能够借助此种语言形式把当地的民俗传统、风土人情、地域文化等特殊的文化内涵含蓄地表达出来。人们有一种与生俱来的情愫，即对自己成长、生活的环境有着独特的乡土情结。因此，在当前经济文化极速发展的新时期，虽然很多人去往大城市寻求发展和学习的机会，但是一旦听到亲切的乡音就会无限向往，觉得无比亲切。地方电视台方言节目通过生动、鲜活的画面塑造出独特的地域文化形象，能够呈现出一种独特的人文关怀。《施斌聊斋》栏目的主要内容就是将最近发生的、关乎民众生活的新闻，通过民众提供的素材拍摄成小电影，重现当时的场景，主持人通过搞笑幽默的语言针砭时弊。在外地工作和生活的苏州观众观看该节目时仿佛回到了自己的故乡，看到了熟悉的家人、邻居，从而产生情感共鸣。

方言节目的出现和兴起与全球化的发展进程有着密切关联。随着全球化进程的加快，各个地区的建设越来越相似，甚至会对人们长时间积淀发展的"本土意识"产生一定的影响。在此背景下，方言节目顺应时代发展趋势，推动自身与新媒体融合发展，实现了本土文化与其他地方文化更为广泛的交流。一方面，方言节目极具趣味性与观赏性，无疑是外来人口了解本地地域文化良好的传播媒介，其他地区的旅游者、务工者等外来人群通过方言节目能够快速了解当地的语言环境和生活环境；另一方面，方言节目能够促使本地观众深刻感受周遭的变化，主动了解身处的这片土地，从而对方言文化产生认同。

三、打造文化品牌

1956 年，国家正式下达文件推广普通话，方言在广播电视媒体中一度沉寂，乃至出现消亡的趋势。直到 20 世纪 80 年代中期之后，方言在我国地方电视广播中才再度兴起。时至今日，方言节目已从诞生走向兴盛。方言电视节目在 20 世纪 80 年代才开始出现，到 90 年代进入兴盛期，经过发展分成方言电视剧、自制情景剧等多种形式。在我国，西南方言区的代表节目有《天府食坊》《雾都夜话》《生活麻辣烫》等；湘方言区的代表节目有《越策越开心》；而广州地区的方言电视剧《外来媳妇本地郎》、杭州地区的《阿六头说新闻》、南京地区的《听我韶韶》分别是粤方言、吴方言和江淮方言电视节目。

在电视品牌的推广过程中，方言电视节目要用文化性来树立自己的独特个性，用品牌文化的魅力和个性提高收视率，提高受众对于节目持久的关注度。凤凰卫视前总裁刘长乐认为，品牌与文化是相互依存、共生共荣的天然关系。品牌竞争的实质就是通过品牌所倡导或体现的文化来影响或迎合公众的意识形态、价值观念和生活习惯。在这一点上，苏州方言电视节目是有代表性的。根据央视索福瑞的调查，苏州市广播电视总台连续七年保持历史高位，在业界被誉为"苏州电视现象"。在辉煌业绩的背后，苏州方言电视节目功不可没。目前，苏州方言电视节目有《天天山海经》《民生在线》《李刚评话》《施斌聊斋》。《天天山海经》说家长里短，谈市井新闻；《民生在线》全方位、多视角展示城市、社区、市民的各个生活层面；《李刚评话》每晚在苏州市广播电视总台生活资讯频道和观众聊家常、叹时事、刺丑态、表高尚。尤其是《施斌聊斋》，这档脱口秀的方言节目成功走红苏州乃至江苏市场，从文化方面看，这主要归功于浓郁的吴文化韵味。这档方言节目主要展现的是苏州的市民生活，既有发生在现代都市普通人生活中的真善美，又呈现了苏州人性格中特有的"温婉、典雅、质朴、善良"的品质。深谙吴文化的受众在故事与语言的解读中，能够感受到其中的文化韵味和审美体验，由此产生对于家乡、对于本土文化的认同与自豪。

方言节目要想获得较高的收视率，还要在节目形式上勇于创新。只有丰富的节目形式，才能吸引更广年龄层和不同文化层的受众。比如，陕西一套的《百家碎戏》是部情景剧，陕西五套的《说案》是档法制节目，陕西二套的《都市热线谝闲传》是档民生新闻栏目，属于不同形式的节目，但它们都办得比较成功，可以作为方言电视节目的典型案例加以研究。在此基础上，我们还应该进一步丰富和完善方言节目，使它的形式更加多元化。再如杭州电视台西湖明珠频道推出的一档全新的方言新闻节目《阿六头说新闻》。《阿六头说新闻》涉及百姓的医疗问题、环境问题、文化生活及动植物生长现状等趣事逸闻，受众主要为50—70岁的中老年人，文化程度相对不高，对他们来说，感兴趣的便是与他们生活密切相关的新闻报道。苏州电视台的《民生在线》节目的改版灵感就是从此节目中得来的。作为苏州电视台生活资讯频道的主打新闻栏目，《民生在线》从2008年开始，采用以苏州方言播报新闻的形式，在新闻中加入评话元素，注重本土新闻和评论，把民生新闻做深、做细、做透。在注重贴近观众和服务性的基础上，《民生在线》不断改版升级，加强子栏目建设：《闲话苏州》，鞭挞社会假恶丑，弘扬人间真善美；《燕燕做媒》，"有缘千里来相会，燕燕帮你来做媒";《民生关注》,加强民生热点的组合报道;品牌活动"民生温暖行动"和"民生社区行"深入千家万户。《民生在线》改版之后,收视率不断提高,带来了收视群的进一步扩大,一些苏州本地的年轻人和不懂苏州话的观众在字幕的帮助下也看得懂了,这个节目成为他们学习苏州话的一个平台。继《民生在线》之后,苏州电视荧屏上的《天天山海经》《施斌聊斋》等节目也陆续走红,其背后的深层原因都是节目的不断推陈出新。

此外,方言电视节目也要注重资源开发,注重与其他媒体优势互补、资源共享。在信息产业高度发达的今天,随着技术发展而涌现出来的诸如移动电视、手机媒体、IPTV、网络播客等新媒体崭露头角,其凭借便捷、交互、跨时空和能消除群体和产业之间的边界等特性,在市场上正展现出其强大的生命力,给媒体行业注入了活力,带来了理念和运营模式的更新。资源共享已经成为媒介交融的趋势。同时,电视节目数量倍增,栏目同质化现象严重,如果还沿袭"策划—制作—播出"的传统方式,肯定是行不通的。在保证做好内容的情况下,品牌推广对于栏目显得尤为重要,方言电视节目除了利用电视媒体自身做宣传外,还可与其他媒体如广播、报纸、互联网等合作,形成一个巨大的资源网络,使信息的采集和发布能够在最短的时间内达到最高效的应用。媒体整合可以在一定程度上打破地方电视台在传播过程中因为资金的限制、传播范围的狭窄、普及度不高而影响传播效果的局限性。

第二节 共情式传播与"民间苏州"的移情机制

一、仪式感的氛围营造

传播仪式观是 20 世纪 80 年代美国新闻传播学者詹姆斯·W. 凯瑞（James W. Carey）提出的一个概念，它强调以社会人类学的一种仪式视角来探讨传播问题。"仪式"在 20 世纪 70 年代被引进传播学中，并在此基础上产生了一系列关于仪式和传播的观念。美国学者詹姆斯·W. 凯瑞第一次将传播与仪式联系在一起，提出了与"传递观"相反的观点，从"仪式观"的方面来讲，传播的仪式观并非是在时空上的信息的延伸，而是在社会中的时间上的延续，它不是一种传达或影响的行为，而是一种信仰的创造、表现和庆祝。观看电视能唤起人们的同在感，而地方文化通过某种仪式将观众集中到一个特定的时间，通过各种方式进行各种形式的传播，引起观众的情绪共鸣，进而让观众产生一种身份认同，形成一场盛大的媒介仪式。从传播仪式观的视角看，苏州方言节目的制作和播放呈现出一种仪式化的特点，而透过对地方文化节的宣传效果的剖析，无论是视觉上的愉悦，还是文化资讯的交流，抑或是情绪的传播，都为方言电视节目开辟了一条崭新的道路，让观众感受到了一种新的狂欢。

播放固定，收视群体稳定，是苏州方言节目营造仪式感的基础。在优胜劣汰的竞争过程中，苏州出现了收视表现强劲的方言节目，且定期播放，很有"仪式感"。如《民生在线》，经过方言播报加普通话节目模式到全程方言加字幕模式的调整后，目前该节目已经成为苏州方言节目中一个璀璨的明星。更值得一提的是《施斌聊斋》，不仅主持人魅力强，全程字幕也满足了更多人学习方言的需求。这两档节目之所以能够成功，就是因为它们在形式上使更广泛的观众能够看懂，在内容上更加贴近观众，具有趣味性，能迎合广大观众的口味。《施斌聊斋》营造了一个特殊的文化空间，在这种情境下，主持人施斌与助手小大块头以民间苏州为轴心讲述苏州故事，以喜闻乐见的方式吸引年轻人。现在，越来越多的方言节目，特别重视以年轻人为主的新媒介传播，并将有较高学历、较有经验的社会精英纳入受众范围，从而形成一个广而多层次的受众群。年轻人对各种媒体的使用能力一般都较好，节目把观众群体从"三高四有"的精英阶层转向了年轻人，这样既吸引了更多的观众，又迎合了年轻人的心理；既满足了年轻人的需求，又坚持了地方文化的对外传播。

经过一段时间的兴盛，苏州方言电视节目的形态发生了一定的变化，然而观众审美疲劳也有了一定的显现。即便有"仪式感"的加持，某些节目的乏力也显露无遗，呈现出收视率高位震荡下行的态势。以《天天山海经》为例，该节目播出时间在每晚的6点到6点半，这是一个比较好的时间段，市民们普遍处在刚下班回到家的状态，打开电视机，一边忙活着晚饭，一边"收听"是很不错的选择，但这档节目起先是没有字幕的纯方言类节目，也就是说，不懂苏州方言的观众光靠"听"是听不懂的，这就造成了收视障碍。更大的发展瓶颈是这档节目以民生为主要背景，播出的内容大多是百姓的生活琐事，年轻观众并不是主要受众群体。缺乏必要的受众群辐射，导致收视率逐步下降，最终《天天山海经》无奈停播。

二、核心力的内在呈现

方言电视节目活跃的地区大多具备经济发达、文化厚重而活跃、自然地理条件优越、生活悠闲而富足等特点。而生活在这样的环境中的市民，无不对自己的家园产生自豪甚至自恋感。众所周知，苏州是一座拥有2 500多年悠久历史的文化名城，在历朝历代占据着重要的文化和经济地位，如今它更是长三角地区经济异常活跃、具有极大发展潜力的乐活城市。生活在这里的人们以其悠久的历史、深厚的吴文化底蕴和高速发展的经济为荣，有着很强的优越感。"吴侬软语"更是他们心中"最动听的声音"，能够最大限度地满足身为苏州人的自豪感。《施斌聊斋》就是一档全苏州方言的新闻脱口秀节目，以"聊"的姿态用苏州话和观众拉家长里短、国事家事、社会民生、坊间趣闻、明星八卦，很多观众都可以在节目中找到自己感兴趣的话题。如此零距离的接触，让受众觉得特别亲切和自然。

方言节目的核心竞争力，除了来自语言特有的亲和力这一基础之外，最重要的是内容，"内容为王"在《施斌聊斋》节目发展过程中得到了很好的印证。在节目策划阶段，主创人员即考虑到同质节目的竞争，力求区别于方言新闻播报的形式，在内容基础上融入主持人观点的提炼，选材也不仅仅局限于热点新闻。根据夜间时段受众呼唤轻松的心理，主创人员将选题的触角伸向社会的方方面面，从新闻延伸到来自新媒体的趣闻、八卦，再到坊间热议的社会民生，乃至关乎百姓的国家政策，统统都可以在 30 分钟（2010 年 1 月 1 日起扩容为 40 分钟）的节目中听到、看到，满足观众娱乐需求的同时，也为观众提供了很大的信息量。因为节目的定位是聊天形式的讲述，所以在内容方面就具备了很大的灵活性。起初节目主创人员也尝试过通过演绎和情景再现的方式将内容呈现给观众，可时间久了他们发现观众并不领情，因为这种表演的方式占据了很长的节目时间，信息量减少很多，而表演很多时候对于新闻事件又没有太多意义，他们最终还是回到了现在以"聊"为主的方式，通过音效、图片等形式与观众进行互动。

这些年来，《施斌聊斋》可以说形式上的变化并不大，主要还是通过内容来吸引受众。通过几年的发展，《施斌聊斋》越来越明确自身的优势在于内容的杂糅和兼容。在这个基础上，节目主创人员更加强调编排的作用，将节目资源更合理地应用于每个收视时段。2010 年，面对电视节目市场中娱乐综艺类节目扎堆、抢眼的特点，节目主创人员在整合、优化日常版面的同时不放弃周末收视热门时段，采取了差异化竞争的积极应对方式，通过选题和版面设计的差别来争取受众最大化。日常版（周一至周四）的构成如下：楔子（一般为具有高关注度、关乎百姓生活的热点或大事件），如果没有，则用一篇民生新闻大稿作开篇，期待在开场过程中吸引更多的观众；听"施"读报（短消息+一句话点评），时长约 7 分钟；猜猜看（多为脑筋急转弯），此处为与观众互动的环节，并且与广告衔接；人物专题或热点趣闻，时长 7 分钟，这一部分在于知识性和趣味性的融合；吴语课堂，这是 2010 年新加入的板块，教外地人讲苏州话，时长为 5—8 分钟，这一板块也是《施斌聊斋》面对发展需要吸引新苏州观众的一个有效措施。周五版是日常和周末节目的一个过渡，通常以一周娱乐新闻开篇，其他延续日常版。周六版的《施斌聊斋》正在向电视杂志的方向尝试，将一周的要点通过盘点的形式划分成关键词、数字、声音、图片几个部分，观点更清晰、更明确，信息量也大大增加。周日版的《施斌聊斋》则是打通全部时段制作"S"档案，内容以解密历史事件、直击新闻背后的真相等为主，进行深度的剖析和解读，增加了趣味性、知识性和可看性。内容上的精心设计和合理的资源分配，让《施斌聊斋》保持了丰富的原动力，可以说内容上的精益求精让他们在竞争中掌握了主动权。主持人在方言电视节目中的作用得到了最大的体现，他们是节目呈现的核心和灵魂。很多方言电视节目的名称都是以主持人的名字命名的，如苏州台的《施斌聊斋》《李刚评话》、杭州台的《阿六头说新闻》等，主持人是方言节目的又一核心竞争力。主持人在一定程度上作为节目的标签和品牌，主持人的风格特征也影响着节目在受众心目中的形象和地位。

三、贴近性的沉浸体验

在当今多元化的文化语境下，人们更愿意从节目中寻求轻松感，缓解压力，在节目中实现情感交流，得到心灵的慰藉，并且通过节目了解到流行、时尚元素。一个方言节目，只有兼顾到本土与外地的传播方式，更好地结合节目的亲和力、趣味性，才能有旺盛的生命力。在实现娱乐化的同时保持节目的趣味和品位，通俗而不低俗，让观众从节目中获得精神愉悦。

首先，方言节目符合信息传播的接近性原则。所谓"贴近性"，就是节目内容一定要与百姓生活息息相关，从市井中来，到市民中去，生活小事通过五尺荧屏展现出来，观众在观看的过程中得到视觉享受，获取思想启迪。平民视角就是节目的语态和语境一定要站在平民的角度上，平视生活百态，切忌说教，切忌自命清高。方言节目所具备的"街坊感""邻居感""亲近感"，正迎合了受众的心理需要。因为在城市化进程中，原有的构造逐渐消失，每一座城市都被赋予同样的性格，城市的平面化使其失去了特有的文化内涵。同时，计算机在生产中的应用，不仅使更多的人遭受失业的威胁，也把人们变成只会依照程序指令办事的机器。交往少了，压力大了，人们变得麻木和自闭。方言节目总是利用大家熟悉的"乡音"，讲述最底层的、最贴近人们生活的事情。从某种意义上说，这类节目为当代人提供了一种精神上的归属感和安全感，特别容易引发文化和情感的微妙共振。

其次，方言节目符合受众心理的趣味性原则。笑是幽默感最为表层的视觉形式，如果没有笑，那么幽默感就不能产生。但是，笑并不是幽默的本质特征，只有那些具有反讽性、启迪性、能够触及人们内心世界的笑才能抵达幽默的现场。就目前来看，小部分的方言节目以"笑"为主要创作标准，似乎只要引人发笑就能引人关注。所以，搞笑成为一部分的方言节目的基本手段。方言轻松搞笑、生动通俗。在今天的影视作品和许多文艺作品中，方言的这种独特地域特色被作为一种美学特征和发展策略不断强化，而地域特色恰好也就是民族特色的重要内容，是文学艺术创作最为深厚的土壤。在许多红色经典影视剧中，领袖人物浓重的乡音，给人们很强烈的亲切感和历史的真实感。如果都改成标准的普通话，感染力势必大打折扣。比起方言类新闻节目，《施斌聊斋》融入了许多趣味性与时尚性，它的内容取材大多来自当下热门的娱乐话题或者新闻话题，通过脱口秀的方式呈现在观众面前。它还兼顾本土与外地的传播方式，用普通话的正文或者全程字幕，增加了收视群。苏州市广播电视总台还借助主持人影响力打造本土化的其他电视节目。如苏州开办了自己的相亲节目《全城热恋》，主持人还是施斌。《全城热恋》与《施斌聊斋》两大节目相互映衬，使后者人气更高。目前，《施斌聊斋》已经成为苏州地区收视率最优、口碑最好、广告单价最高的方言电视节目。

最后，方言节目符合受众的互动性心理。方言能很好地加强地域联系，维系地域文化的存在；方言的消失也就意味着地域差别、文化的丰富性和差异性的消失。虽然表面上看，方言节目限定了目标受众，似乎违背了传播面向大众的初衷，但事实上，这是分众化、自主性社会的要求。方言节目更多地表现为对地域认同的追逐，缺乏对于城市认同的努力。人们对于方言节目的追捧，实质上是对家乡和自我的一种认同、一种对本土化的自豪感。而开放性、多样性是城市的本质属性。因而方言节目应以城市认同为主，通过互动，以主人翁的姿态谋求发展，而不要局限于地域认同，不然就有失去持久竞争力的风险。从《施斌聊斋》的成功因素来研究，我们大致可以触摸到未来方言电视节目的发展趋向——兼具贴近性、趣味性、互动性。

第三节 方言节目建构城市形象的媒介反思

一、明确目标市场：从单一性走向多元性

传媒市场的竞争使一些媒体纷纷在节目的个性化、本土化、分众化方面进行风格打造。方言作为一个地方历史和传统的积淀，既有一些符合当地民俗风情、包含着智慧与哲理的谚语、俚语，也夹杂着一些庸俗、消极乃至低俗的粗话。作为面向大众的传媒，方言节目尤其要警惕单一的"拿来主义"，避免节目整体品格流于低俗。因此，我们必须提高苏州方言节目的品牌建设、传播效果及人才队伍建设，从而确保苏州方言节目的质量水准和教化价值。

首先，聚焦苏州方言节目的内容创新与品牌建设。方言节目的目标受众是平民百姓，报道内容应关注民生，节目包装应具备亲民色彩，播报语态应走亲民风格，如此才能赢得受众欢迎。有学者比喻：形式是壳、内容是核，在笔者看来，将形式与内容比喻成壳与核的关系是有道理的。形式的创新突破虽是电视的重要构成元素，但真正具有生命力的还是节目的质量，方言节目实现了形式与内容的完美结合，提升了节目质量，打造了节目品牌。为适应新媒体传播平台，方言节目形式须做出调整。在画面和节目流程方面，做好主题报道，创新性地把党的主张转化为节目的主导内容，使之系列化、连续化、栏目化，找准受众感兴趣与受众关联度的联结点和切入点，以平民视角，从百姓看得见摸得着的人和事入手，把"国计"与"民生"结合好。在播出频率上，可从"每日播出"更改为"每周播出"。虽减小了播出频率，但节目制作拥有了更多精心打造和完善的时间，做到每一期播出的都是精品，这样自然能吸引受众群体从而保有和提高收视率。 品牌建设对于方言节目的发展也极其重要。方言节目作为特点鲜明

的节目类型，其品牌化构建应该注重特色化的内容和多元化的传播，依靠特定的文化符号来塑造区域文化的特色传播，以此来培养高黏度的受众群体，由此打造出具有影响力的品牌类节目。通过品牌建设，走精品化道路，提高主持人德艺双馨的素质，创造和维护好主持人的社会公众形象，让优秀的方言节目长期可持续性发展，这也是方言节目发展的必经之路。

其次，提高苏州方言节目的传播效果与覆盖力度。抖音、B 站等作为新兴社交视频类软件，风靡全国。方言节目也可以单独注册官方账号，开设直播，定时发布短视频，播出节目预告，插播节目花絮，上传方言"小课堂"，开展线上互动。上传主持人的日常 VLOG（视频日志），以此来增加用户的黏度，增加主持人的个人特色，使节目更贴近百姓平常生活，更加接地气、亲民化。借助当下网络流行的传媒方式极大地拓宽了方言节目的覆盖面，形成更好的宣传效果。新媒体制作需要专业团队来协同完成，需要协调好各个环节的进度，所有发布的节目视频都要由专门审核人员严格把关。在节目部主任和制片人的科学带领下，组织团队成员共同讨论和制作节目，促使前台与后台的每个成员都能认真负责地参与，高质量地完成节目制作，培养和发挥团队的合作精神。通过集体管理来控制流程，分解目标到岗到人。由制作人负责日常节目流程控制和栏目组成员考核。每到月末，把播放率、转发率做成分析报告，研究讨论什么样的标题和内容更能吸引观众，认真筛选观众提出的建议和意见，更好地确定主题和吸取前车之鉴。坚持正确的政治思想引导，定期开展党员教育活动，增强服务大众的思想意识。认真学习国家有关传播领域的工作指导文件，在日常节目制作中强调和贯穿法律意识。在国家法律许可的范围内，注重节目的内容丰富、形式多样，充分满足民众的精神需要。

最后，注重苏州方言节目的人才培养与储备力量。以苏州评弹学校、苏州昆曲学校作为培养方言主持人的校内培训基地。两所学校的学生均是经由校方专业筛选后，选定的拥有方言语言能力的学生。学生通过在校期间进一步加强专业训练和考核，不仅熟练掌握了标准的方言，而且也拥有了说、拉、弹、唱等多方面的艺术技能。由德艺双馨的方言主持人作为导师，入校进行专业指导并挑选优秀生源，作为方言节目主持人的储备人才。增加方言类本地文化的深入学习。作为方言节目主持人，不仅要熟练掌握苏州话和优秀的主持技能，还需要扎实的现代文化功底。主持人的一言一行都表露出个人的修养和阅历,主持人所说出来的每一句话都必须有理有据,令人信服。方言节目主持人的综合文化涵养和个人品德修养是非常重要的。主持人一定要深入学习本地优秀的传统及当代地方特色文化,努力拓展知识领域,丰富自身的阅历。发掘和培养主持人的人格魅力。方言节目主持人与新闻节目主持人最大的不同是,方言节目主持人个性突出得非常明显。主持人表现到位的幽默风趣、见多识广也是方言节目能受欢迎的重要原因之一。一档方言节目出彩的地方除了节目本身整体背景设定、内容表达是否精彩外,也包括主持人由内而外散发出来的个人气质和魅力,拥有不同的个性,甚至不同的嗓音,也能使得节目具有独特辨识性。发掘方言节目主持人的个性特点,打造风格鲜明的"人设",并加以巧妙利用,创造节目吸睛的亮点。

二、拓展节目形式:从播报型走向聊天型

相较于普通话节目,方言节目的出现意味着电视文艺创作生态的改革创新,但也不可避免地存在节目内容粗糙、选题同质化、收视人群老龄化等弊病。在媒体竞争日益激烈的社会背景下,形式的创新是电视节目得以生存的关键,每一个可以长久生存的电视节目都需要随着社会的发展而不断创新节目形式。方言节目附带地方文化、群众认知度等特殊功能,更加彰显了其发展的重要意义。如何将节目做得有特色、有质量、有关注度,是最难攻克的课题。既要以不变应万变,又要以创新求发展。苏州方言节目的发展,启示我们可以了解受众需求,不断拓展节目的表现形式,从而实现从播报型到聊天型的内在转换。

了解受众的内心需求,是方言节目吸引受众的心理基础。以《施斌聊斋》为例,该节目一开始就被定位为一档全受众型的新闻脱口秀节目,它不同于单纯的新闻播报,而是以一种轻松幽默的方式去演绎新近发生和百姓关注的热点事件,以期观众在笑过之后可以留下一点思考。在表达方式方面,该节目追求通俗易懂;从粉丝群体年龄跨度较大这一点来看,足见其兼容性很强。在情感表达方面,该节目较为准确地捕捉到了苏州人柔和、中庸的态度,打的是"聊天牌",用一种和观众最亲近的方式去侃、去聊,说出一些对热点事件的感受来引起共鸣,在不经意间拉近审美距离。在受众定位方面,

该节目以35—54岁的观众为主体受众，其中，女性受众约占一半。调查显示，该节目有一批忠诚度很高的中年女性受众。同时，该节目也观照到年轻人群体，因为这类群体关注的话题通常为娱乐、明星、电影等，为此《施斌聊斋》也适当增添了此类话题，来吸引年轻群体的关注，为节目注入新的传播力量，同时注重正确舆论引导，发挥语言文化的正面社会价值。因此，针对重点受众群体，要随时了解他们的收视诉求，经常性地进行一些热心观众的收视回访和调查，适当调整选题和素材的方向和比例。至于《施斌聊斋》如何呈现并呼应受众的内心世界，那就必须提及节目中的"小大块头"的角色。他在节目中就是一个地道的市井小民，说话随意，带点自嘲，这样的人物设置让节目具备了两种不同的声音，增加了节目的看点。主持人施斌常常通过对小大块头的调侃去强化戏剧冲突，落实讽刺的实体，使节目更有生活气息和真实感，从而达到良好的互动效果。

除了受众的心理需求外，从播报型走向聊天型的方言节目还需要全方位拓展节目形式。一方面，利用现有优势，增加新板块。比如，《施斌聊斋》增加了"吴语课堂"，让"聊天"具备更多的空间和可能性。面对更多更新的节目样式和内容，方言节目可以用开阔的眼界和更大胆的方式去尝试，因为"聊"这个字可大可小、可收可放、可褒可贬、可详可略，一切都能掌控，都能随机而变，所以它在时间的自由度和空间的延展性方面都更有余地、更自如。另一方面，使用O2O（Online to Offline，线上到线下）模式，提高互动性。O2O模式即线上线下相结合，也是适用于电视媒介发展的有效途径，这种传播方式主要表现在观众参与到节目中来，工作人员走到观众中去。节目在播放的同时，可设置公众号平台二维码，观众发送自己感兴趣的内容，参与节目的话题讨论，不但解决了节目的话题选择问题，也实现节目与受众的在线互动，让节目与受众的距离不再遥远，打破"我播你受"的传统壁垒，形成良性的双向互动。

总之，方言节目作为新兴的节目形态，打破了普通话的统一机制，贴近百姓生活，承载着传播语言文化的功能，加深人们对方言的认知，社会意义重大。因此，在媒体融合的大趋势下，方言节目理应正视新挑战，把握时代机遇，进行线上线下互动制式创新，拓宽节目传播渠道，实现有效融合，扩大节目受众范围，向年轻一代发展，从而使节目实现"聊天型"的形式创新。

三、打破语言屏障：从地方性走向国际性

语言既是方言节目的灵魂，也是方言节目发展中的局限，这种矛盾在方言节目兴起的那天就一直存在。在民族语言里，方言的作用正在逐渐缩小，并将随着普通话影响的扩大而趋向消失。面对大力推广的普通话，方言只有在经济发展强势的地区才能有较为活跃的表现，尽管如此，我们还是要面对越来越多的苏州人不能讲出标准的苏州话甚至不会讲苏州话的现实。如果方言节目没有了语言的吸引力，那它就无从谈发展、谈未来。从这个层面讲，方言节目将对方言起到振兴的作用，使其具有持久的发展能力，而且以方言播报代替部分普通话播报，这本身就是对本地文化的一种扶持和保护，这也是地方电视台发展方言节目的意义。

一方面，我们有必要制作苏州方言节目的"双语版"。方言节目的"双语版"是指方言节目在制作字幕的时候，给方言节目配上同声的普通话字幕，这样做并不会削弱其特色，相反还会带来两个好处：一是推广了普通话，二是使外来受众在接触方言甚至是在学方言的同时，理解方言的意思，得到与本方言受众同样的乐趣。如果一定要基于普通话推广意义的考虑，管理者可以给节目制作人以明晰的制度规定，在播出时段、节目长度和节目比例上做出量化的限制，让方言与普通话在一种"度"上达到平衡。方言是负载媒体与受众情感文化的纽带，只有让对方听懂、听明白所指所讲才是最终目的。我们不能简单地把方言节目的"本地化"等同于"本地话"，如果这样，就会远离接近性的本质。本地化的核心应当是内容、信息的本地化，即使说方言很容易被使用着的人群接受并产生共鸣，但这并不能代替本地内容的接近性，甚至可以说是方言从属于本地内容，并为其服务。从受众的角度来看，对于方言节目的需求和使用目的是了解所处的环境，消除自身生存或者生活中的不确定性，这是方言节目生存和发展的基础。相反，如果一味地只注重方言节目的创作，那么这会在一定程度上局限受众群。电视节目的制作本来面向的是城市中的全体居民，不仅包括原住居民，还包括后进入者，甚至城市中的一些流动人口。城市中的居住者通过电视节目提供的城市社会新闻、信息能够了解自身所处的环境，进而对自身的生活、工作做出一定的调整。如果方言节目不向"双语

版"靠拢,那么就相当于在用语言门槛将"非本地"群体隔离在传播范畴之外,导致方言节目与不同地域的文化相互排斥。

另一方面,我们又必须注重苏州方言节目的高质量发展。在各地方言节目的发展过程中,《雾都夜话》和《阿六头说新闻》是既相对出名也具有标志性意义的栏目。《雾都夜话》是重庆人马及人于1994年创办的方言短剧栏目,多年来创重庆电视台文艺类栏目收视率之最,是重庆地区收视率和收视份额唯一进入全国栏目总排名前十名的栏目。紧随其后,2007年12月3日,吉林电视台都市频道的方言节目《说实在的》开播,收视率屡创新高,观众反响巨大。方言的亲切感在很大程度上成就了方言节目在地方电视台的收视效果和市场份额,但是在外来人口不断涌入的苏州,面对600多万"新苏州人",方言节目又难免形成强烈的"传播歧视"。面对众多的外来人口,当丰富多彩的节目形态充斥荧屏时,方言节目可能无法在形式上与之抗衡,那么内容和演绎手法则成为它成败的关键,而这就需要从内容上吸引这一大批潜在的受众。比如,《施斌聊斋》新加入的"吴语课堂"板块,请来外地来苏的人学习传统的苏州方言,一方面给节目带来了新的气息,增加了可看性;另一方面又向"新苏州人"抛出了欢迎他们融入苏州的橄榄枝,从周一到周四这一板块的播出来看,它也的确拉动了《施斌聊斋》原本后程乏力的收视表现。这样的融合也在积极地吸纳"新苏州"受众,帮助他们更快、更直观地融入这座城市,使他们在看节目的同时能够更多地了解苏州,喜欢苏州,久而久之他们对节目的忠实度也会越来越高。

此外,当今很多的方言节目为了吸引受众,偏爱选用一些车祸、自杀、家庭纠纷等新闻来作为节目的题材,虽然这些题材贴近民生,但实际上,除了这些现实性题材以外,社会中还有更多值得人们关注的问题。广播电视是官方媒体,具有弘扬社会主义核心价值观的重任,广播电视节目不仅须传播信息,更要弘扬社会公德,向观众传达一种正面的能量,提高节目的品位,增加节目的质感,增强节目的厚重感,从而抵制低俗之风。节目内容应该丰富多彩,节目选题应该多种多样,节目演员应该不拘一格,节目制作应该上档次、上水平。

在新媒体时代,品牌的价值非常重要。媒体在未来将是一种将各种社会资源黏合在一起的力量,而在信息高度分散、饱和的传播生态下,品牌让人一目了然，熟记于心，没有品牌，节目就会被淹没在浩瀚的"信息海洋"之中。方言节目要积极树立自己的品牌，例如，陕西秦腔广播打造了"西安乱弹"的品牌。因此，苏州媒体人也必须基于特有的历史、民俗、饮食、建筑、方言等元素，以及现代城市普通市民的生活风情，探索城市的文化韵味和城市品格。

附录

附表1　苏州题材影视作品一览表

类别	作品名称	导演/平台/主持人	出品单位
电影	《满意不满意》	严恭	长春电影制片厂
	《小小得月楼》	卢萍	上海电影制片厂
	《特高课在行动》	李育才、金音	西安电影制片厂
	《游园惊梦》	杨凡	花生映社有限公司
	《泪洒姑苏》	陈方千	北京电影制片厂
	《美食家》	徐昌霖	上海电影制片厂
	《马路骑士》	葛晓英	西安电影制片厂
	《红粉》	李少红	北京电影制片厂、大洋影业有限公司
	《梅花巾》	张良	珠江电影制片厂
	《清水湾,淡水湾》	谢铁骊	北京电影制片厂
	《钟鸣寒山寺》	唐彦林	北京电影制片厂
	《小城之春》	费穆	文华影片公司
	《三十层楼上》	贝聿娀、李耿	长春电影制片厂
	《醉吴歌》	金舸	苏州市相城文商旅发展(集团)有限公司、苏州犹龙文化旅游发展有限公司等
	《包氏父子》	谢铁骊	北京电影制片厂
	《紫宅》	潘恒生	北京华瑞鑫艺国际文化传媒有限公司、上海大万文化传播有限公司
	《单身男女》	杜琪峰	香港寰亚电影公司、银河映像
	《私人订制》	冯小刚	华谊兄弟传媒集团
电视剧	《都挺好》	简川訸	东阳正午阳光影视有限公司
	《亲爱的,热爱的》	李青蓉、项旭晶	上海剧酷文化传播有限公司
	《正好遇见你》	高寒	东阳欢娱影视文化有限公司
	《橘子红了》	李少红	北京荣信达影视艺术有限公司

续表

类别	作品名称	导演/平台/主持人	出品单位
电视剧	《何以笙箫默》	刘俊杰	上海剧酷文化传播有限公司
	《我们无处安放的青春》	沈严	北京和爱嘉视广告有限公司
	《山塘茶馆》	范丛柏	苏州市家铭文化传媒有限公司
	《情丝万缕》	不详	江苏电视台、新加坡电视机构
	《天堂秀》	黄健中	中国电视剧制作中心
	《当家主母》	王晓明、国浩	东阳欢娱影视文化有限公司、爱奇艺
	《谍战古山塘》	马鲁剑	苏州市亚细亚传媒娱乐有限公司
	《推手》	文杰	愚恒影业·梅尔卡巴影视、北京悦虎文化传媒有限公司、北京合喜文化传媒有限公司、泰海影业文化传播(上海)有限公司
	《放弃我,抓紧我》	邓衍成、阮惟新、陈国华	浙江梦幻星生园影视文化有限公司
	《逆流而上的你》	潘越、杨栋	北京左城右隅影视文化传媒有限公司、东方前海资产管理有限公司、猫眼影业、五光十色影业
	《你和我的倾城时光》	张峰、余中和	北京光彩影业传媒有限公司、皇尸御嘉影视集团有限公司、杭州巨鲸财富管理有限公司、愚恒影业、阅文集团、浙江永乐影视制作有限公司
	《飞鸟集》	周看、傅潇仪	苏州蓝白红影业有限公司
	《怪你过分美丽》	王之	爱奇艺、上海恒星引力影视传媒有限公司、北京青春你好文化传媒有限公司、北京新媒诚品文化传播有限公司
	《资深少女的初恋》	丁梓光	华策影业(天津)有限公司
	《月里青山淡如画》	查传谊	完美世界影视李峥工作室
	《没有秘密的你》	于中中	上海腾讯企鹅影视文化传播有限公司、上海金禾影视传播有限公司
	《重生之门》	杨冬	优酷、阿里巴巴·影业集团

续表

类别	作品名称	导演/平台/主持人	出品单位
纪录片	《苏州水》	刘郎	苏州市广播电视总台
	《苏园六纪》	刘郎	苏州市广播电视局、苏州有线电视台、苏州市园林管理局
	《苏州史纪》	孙欣、王影	中共苏州市委宣传部、苏州市广播电视总台
	《邂逅相城》	竹内亮	南京和之梦文化传播有限公司
	《寻城苏州》	不详	苏州市广播电视总台
	《苏州影像志》	孙欣、王影、李国荣、廖莉芹、程炯	中央广播电视总台
	《天工苏作》	孙曾田	苏州市广播电视总台和苏州市非物质文化遗产保护管理办公室
	《诗画江南》	郭晓伟、徐扬、张磊	江苏省广播电视总台
	《昆曲六百年》	陈丽、万娟	中国中央电视台、江苏省广播电视总台
	《回望勾吴》	蒋文博、夏欣才	中共苏州市委宣传部、苏州市人民政府新闻办公室、江苏省广播电视总台
	《走遍中国·话说虎丘》	李金伟	中央广播电视总台
	《走遍中国·繁华姑苏》	夏欣才、孙欣	中央广播电视总台
	《指尖上的传承》	王佐	五洲传播中心、中国工艺美术(集团)公司
	《万物滋养》	张钊维	哔哩哔哩、上海中视国际广告有限公司
	《江南味道》	陈建鄂	良友(北京)文化传媒有限公司
	《我在苏州学非遗》	萧寒	中国数字文化集团有限公司、苏州科意数字传媒有限公司等

续表

类别	作品名称	导演/平台/主持人	出品单位
宣传片	《人间天堂 自在苏州》	李少红	苏州市旅游局
	《又见吴中》	张晓春	苏州市吴中区人民政府
	《有一种生活叫周庄之左手后院》	左手、千里	江苏水乡周庄旅游股份有限公司
	《离乡草 山塘缘》	不详	苏州山塘旅游发展有限公司
	《苏州都挺好》	夏仲静	苏州方向文化传媒股份有限公司
	《相守一城》	不详	相城区融媒体中心
	《以想象创未来》	王一帆	苏州工业园区宣传部
	《苏博里的文物》	王遐、蔡禾阳	苏州博物馆
	《时间里》	不详	苏州市人民政府新闻办公室、苏州日报报业集团
	《苏州情书》	陈权	苏州市人民政府新闻办公室、苏州日报报业集团
	《美丽苏州》	不详	苏州市广播电视总台
	《美丽相城》	不详	苏州英玛文化传媒有限公司
	《"李光耀世界城市奖"宣传片》	不详	苏州市人民政府
短视频	《苏州一分钟》	引力播	苏报集团融媒体中心
	《苏州大米》	引力播	苏报集团融媒体中心
	《40年匠心坚守：观前最后的修鞋匠》	引力播	苏报集团融媒体中心
	《古建修复》合集	引力播	苏报集团融媒体中心
	《苏州,蛮灵噶》合集	苏州发布	苏州市人民政府新闻办公室
	《江南文化》合集	蘇视频	苏州广播电视总台全媒体编辑中心
	《寻味山塘》合集	七里山塘景区	苏州山塘旅游发展有限公司

续表

类别	作品名称	导演/平台/主持人	出品单位
方言节目	《天天山海经》	—	苏州市广播电视总台
	《民生在线》	吴静	苏州市广播电视总台
	《李刚评话》	李刚	苏州市广播电视总台
	《施斌聊斋》	施斌	苏州市广播电视总台
	《乐惠苏州》	—	苏州市广播电视总台
	《阿万茶楼》	冬燕、万鸣、阿丁	苏州市广播电视总台
	《老虎灶》	阿哲	苏州市广播电视总台
	《燕燕做媒》	许燕	苏州市广播电视总台

参考文献

[1] 亨利·詹金斯. 融合文化：新媒体和旧媒体的冲突地带[M]. 杜永明,译. 北京：商务印书馆,2012.

[2] 凯文·林奇. 城市意象[M]. 方益萍,何晓军,译. 北京：华夏出版社,2001.

[3] 安德烈·戈德罗. 从文学到影片：叙事体系[M]. 刘云舟,译. 北京：商务印书馆,2010.

[4] 马塞尔·马尔丹. 电影语言[M]. 何振淦,译. 北京：中国电影出版社,2006.

[5] 阿尔君·阿帕杜莱. 消散的现代性：全球化的文化维度[M]. 刘冉,译. 上海：上海三联书店,2012.

[6] 彼得·比林汉姆. 透过电视了解城市：电视剧里的城市特性[M]. 宋莉华,王田,译. 上海：上海人民出版社,2012.

[7] 贝拉·迪克斯. 被展示的文化：当代"可参观性"的生产[M]. 冯悦,译. 北京：北京大学出版社,2012.

[8] 田晓明,陈启宁. 苏州城市转型[M]. 苏州：苏州大学出版社,2014.

[9] 贺宇晨. 行走姑苏：城市更新琢玉苏州[M]. 苏州：苏州大学出版社,2022.

[10] 姜春磊. 文化自信与苏州实践[M]. 苏州：苏州大学出版社,2021.

[11] 王玉玮. 电视剧城市意象研究[M]. 广州：暨南大学出版社,2010.

[12] 景秀明. 纪录的魔方：纪录片叙事艺术研究[M]. 北京：文化艺术出版社,2005.

[13] 曾一果. 想象城市：改革开放30年来大众媒介的"城市叙事"[M]. 北京：中国书籍出版社,2011.

[14] 张英进. 电影的世纪末怀旧：好莱坞·老上海·新台北[M].长沙：湖南美术出版社，2006.

[15] 刘士林. 西洲在何处：江南文化的诗性叙事[M].北京：东方出版社，2005.

[16] 费孝通. 乡土中国：生育制度[M].北京：北京大学出版社，1998.

[17] 赵毅衡. 符号学原理与推演[M].南京：南京大学出版社，2011.

[18] 曾一果，王莉."怀旧"的城市诗学：关于"苏州形象"的影像建构[J].江苏社会科学，2014（4）：194-202.

[19] 周晨. 苏州滑稽戏电影中的别样江南[J].东吴学术，2021（6）：32-38.

[20] 王一冰."脚色体制"与戏曲电影艺术理论建构[J].电影艺术，2022（6）：52-58.

[21] 陈长荣. 苏州人：人文风貌与文化底蕴[J].苏州大学学报（哲学社会科学版），1999（1）：87-98.

[22] 曾一果. 市井风情里的"世俗人生"：中国当代文学中的"苏州书写"[J].文学评论，2015（2）：136-146.

[23] 陶瑾. 姑苏家事：寻根热后的苏州之家[J].现代苏州，2012（19）：24-29.

[24] 母翔翔. 苏州早期电影业再考（1903—1937）[J].北京电影学院学报，2021（3）：109-118.

[25] 高建国. 电影《美食家》：陆文夫与美食文化[J].江苏地方志，2018（1）：45-50.

[26] 李艳丰.20世纪90年代以来城市文学叙事的文化批评[J].广州大学学报（社会科学版），2012（2）：85-91.

[27] 戴清. 揭示生活"隐秘的真实"：电视剧《都挺好》的创作成绩及其不足分析[J].艺术评论，2019（4）：112-120.

[28] 彭若男，张璐阳. 都市电视剧对苏州"期诣空域"的再建构[J].教育传媒研究，2021（3）：92-94.

[29] 陈守湖. 困境、冲突与弥合：电视剧《都挺好》伦理叙事分析[J].当代电视，2019（5）：4-7.

[30] 袁一民. 养老焦虑与城市再融入：电视剧《都挺好》中的老年人

口社会问题[J].中国电视,2020(1):40-44.

[31] 张梦晗.媒介、空间与城市意象的地域化:当代电视剧中苏州意象的表达[J].浙江传媒学院学报,2016(6):82-87,157.

[32] 金昌庆.原型与叙事:从女性形象塑造看福纳新文人电视剧的叙事策略[J].中国电视,2008(8):70-72.

[33] 王缘,严舒."苏州故事"的影像书写:苏州题材影视剧的"类型化"创作路径与保障[J].传媒,2022(9):46-48.

[34] 李斌.试论苏州特色电视剧文化体系的构建[J].苏州科技大学学报(社会科学版),2012(3):94-99.

[35] 朱栋霖.大美至美惊鸿照影:评文化纪录片《昆曲六百年》[J].中国电视,2009(2):23-24.

[36] 仲呈祥.生气灌注诗意盎然:5集电视文化片《苏州水》感言[J].中国电视,2002(11):28-29.

[37] 倪祥保.古典现代美美与共:电视纪录片《昆曲六百年》观后[J].中国电视,2007(7):8-10.

[38] 倪祥保.创新·拓展·精巧:苏州影像的流光溢彩:评《苏州影像志》《苏州史记》[J].中国电视,2018(2):83-86.

[39] 刘郎.将园林艺术电视艺术化:电视片《苏园六纪》编导阐述[J].中国电视,2000(9):48-50.

[40] 邵雯艳.江南纪实影像的诗意特征与美学风范:以苏州纪录片为例[J].东吴学术,2021(6):20-25.

[41] 张晓玥,陈斌.新世纪苏州题材电视纪录片综论[J].中国广播电视学刊,2018(10):85-88.

[42] 曹盼宫.人文纪录片中"江南意象"影像表达的美学价值[J].电影评介,2017(15):107-109.

[43] 曾一果.从"怀旧"到"后怀旧":关于苏州城市形象片的文化研究[J].江苏社会科学,2017(4):170-177.

[44] 杨菲雨.城市宣传片对城市品牌形象的构建与传播:以苏州市为例[J].美与时代(城市版),2022(7):95-97.

[45] 刘博文.苏州城市宣传片的影像建构[J].大众文艺,2020(12):156-157.

[46] 陈子娟．苏州城市宣传片跨文化功能解读[J]．现代交际，2018（16）：58-59．

[47] 李梅，陈思华．城市形象宣传片的品牌叙事意识研究[J]．当代传播，2021（6）：97-99．

[48] 杜丹．镜像苏州：市民参与和话语重构：对UGC视频和网友评论的文本分析[J]．新闻与传播研究，2016（8）：88-108．

[49] 曹冉，范昱娜，朱思格．消费景象和古典苏州：抖音短视频中的苏州城市符号和传播[J]．新闻文化建设，2021（22）：164-165．

[50] 杨璐．方言电视节目的核心竞争力及发展策略：以苏州电视台《施斌聊斋》为例[J]．南方电视学刊，2010（4）：37-39．

[51] 张建雄．"亮点"突破：城市党报的"针尖"思维：以苏州日报报业集团短视频作品为例[J]．新闻战线，2019（11）：23-25．

[52] 邓秀军，唐斯琦．跨文化传播视阈下城市形象短视频的符号整合与文本重构[J]．中国电视，2022（9）：79-83．

[53] 李连璧．"后网红时代"短视频平台的城市传播[J]．新闻爱好者，2021（12）：65-67．

[54] 路鹃，付砾乐．"网红城市"的短视频叙事：第三空间在形象再造中的可见性悖论[J]．新闻与写作，2021（8）：59-67．

[55] 严溯，凌常荣．"直播+旅游"新模式推广苏州旅游[J]．中国商论，2021（3）：35-37．

[56] 吕宇蓝．"看苏州"新闻客户端"直播+政务+服务"，打造区域性生态平台[J]．中国广播影视，2018（24）：130-131．

[57] 陈秀珊．苏州广播电视方言类节目的现状和发展策略探讨[J]．新闻传播，2020（23）：100-102．

[58] 缪言．从"苏州电视现象"看方言节目的发展趋势[J]．传媒观察，2012（6）：34-35．

[59] 孔灵．方言新闻节目的传播策略研究：以苏州电视台《施斌聊斋》为例[D]．南京：南京师范大学，2014．

[60] 刘东帆．城市短视频的可沟通性研究：以抖音中的苏州为例[D]．苏州：苏州大学，2020．

后记

梦里的水乡在烟霭蒙蒙中睁开惺忪的睡眼,泛着碧光的波纹梦呓般呢喃着汩汩的碎语。古朴的草篷船静静划过,镌刻出如它年轮般清晰的岁月。倒退的青石板路、弥散的欢声笑语、静默的仙桥瓦房,"逃逸者"如我,立于船头,闯入了这如梦之境,闯入了这曼妙画卷,闯入了"苏州"这方满目亭台楼阁、厅堂廊榭的风雅胜地。

船影重叠,声影参差,弄堂里的木屐声吧嗒吧嗒地微响,是谁在那里惹哭了邻家女孩后仓皇逃走? 北斗星方位的水塘里蛙声阵阵,是谁在那里捕着萤火虫,失足成了只"大青蛙"? 石板间的罅隙里流水潺潺,是谁在那里光着脚丫追着自己的影子气喘吁吁? 朦胧的画面、孱弱的回响,我似在觥筹交错间痴迷,宛于市井风情中缱绻。恍惚间,另一种熟悉的声响近了,近了,又近了,近到都能听到指尖划过琴弦的声音,近到都能听到针尖穿过丝绸的声音,近到都能听到和风穿过长廊的声音,近到都能听到唇瓣上下碰撞的声音,近到、近到、近到让我终究在嘈杂中辨认出了它们:苏州评弹、苏绣、苏州园林、吴侬软语及其他那些来自记忆中的"苏州的回声"。

拨开水草,穿过雾霭,初升的太阳醒了,照亮了这座古老神韵与现代气质交相辉映的城市,我在这里见证了它们的奇迹——它们已经成了一份遗产,成了一份表征苏城、享誉世界的非物质文化遗产。拱形门、纸糊窗,老一辈的艺术家们延续着它们的辉煌;书山路、苦作舟,小一辈的求学者们继承着它们的精髓;三弦琴、琵琶音,新时代的文化保护者们呵护着它们的未来。当它们陆续被列入国家级非物质文化遗产名录时,我欣慰,因为它们的价值终究被肯定;我也庆幸,因为它们的容颜不再模糊;我更高兴,因为它们的种种将流芳百世。

小小的船驶向日出,梦里的我渐趋苏醒。作为土生土长的苏州人,我用一年多的时间,撰写了这样一部研究影像传播视野下苏州文化形象建构问题的著作，在电影、电视剧、纪录片、宣传片、短视频、直播及方言节目等构成的五光十色的影像世界中，寻找苏州的痕迹，重返记忆的现场。如今，这部十余万字的著作即将付梓，这趟江南的寻根之旅也接近尾声。因时间仓促和水平有限，这部著作难免有错漏之处。在此，我殷切祈望各位专家和读者海涵、赐教，也衷心感谢苏州科技大学文学院领导的信任、苏州大学出版社编审的指导及我夫人的大力支持。

原来的我，一直以为踏上了一场恍如隔世的游梦之旅，没发现来路，也不确定去路。后知后觉中，我才发现这段特殊的"写作光景"，只不过是不经意间重回了那段承载着自己与苏州共同记忆的岁月章回！

艾志杰

2022 年 11 月 1 日于苏州